丰田
现场力

［日］日本OJT解决方案股份有限公司◎著

蒋奇武◎译

トヨタの現場力
生産性を上げる組織マネジメント

浙江人民出版社

图书在版编目 (CIP) 数据

丰田现场力 / 日本 OJT 解决方案股份有限公司著；蒋奇武译 . — 杭州：浙江人民出版社，2021.7

ISBN 978-7-213-10157-1

Ⅰ.①丰… Ⅱ.①日… ②蒋… Ⅲ.①丰田汽车公司—工业企业管理—经验 Ⅳ.① F431.364

中国版本图书馆 CIP 数据核字（2021）第 097728 号

浙江省版权局
著作权合同登记章
图字：11-2019-348 号

丰田现场力

[日]日本 OJT 解决方案股份有限公司 著　蒋奇武 译

出版发行：浙江人民出版社（杭州市体育场路 347 号　邮编：310006）

　　　　　市场部电话：（0571）85061682　85176516

责任编辑：陈 源　何英娇

营销编辑：陈雯怡　陈芊如　赵 娜

责任校对：陈 春

责任印务：刘彭年

封面设计：新艺书设计

电脑制版：北京尚艺空间文化传播有限公司

印　　刷：杭州丰源印刷有限公司

开　　本：880 毫米 ×1230 毫米　1/32　　印　　张：10.75

字　　数：186 千字

版　　次：2021 年 7 月第 1 版　　　　印　　次：2021 年 7 月第 1 次印刷

书　　号：ISBN 978-7-213-10157-1

定　　价：68.00 元

如发现印装质量问题，影响阅读，请与市场部联系调换。

前 言
PREFACE

　　仅凭理论或数据，现实中的企业是无法运转的。

　　感谢你在众多书籍中选择了这本书。

　　之所以选择本书，很有可能是因为大家意识到了在各自的岗位上都存在一定问题吧。

　　有些人可能很想做点什么，却不知道该从何下手。

　　另一些人可能已经多次尝试变革却均以失败告终，正在苦苦寻求应对之策。

　　还有一些人已经有了具体想要实现的目标或者想要采取的行动，正在探索实现目标及开始行动的最佳方法。

　　本书正是为了帮助这些致力于"让生产一线变得更高效"的人向前迈出一步而写的。

　　本书的目的在于传授具体的方法，即通过那些曾奋战在一线岗位的人所经历过的案例和积累的经验告诉大家，如何才能让一线岗位为顾客及社会不断创造出更高的价值。换句话说，本书就是一部打造强大一线岗位的手册。希望在本手册的指导下，打造出能够适应环境变化、不断进化、永葆生命力的一线岗位；让一线岗位永葆竞争力，使在那里工作的人能够最大限度地发挥自己的潜能。

本书内容并不是简简单单的概念陈述，而是对一线岗位实际所需的必要步骤依次进行详细的说明，且附录大量经常出现的疏漏以及企业的真实案例。希望读者务必结合各自岗位的实际情况以及曾经失败的种种举措，一边思考在自身所属岗位上实施本书所提及方法的可行性，一边阅读本书。

在丰田一线岗位积累了 40 年经验的培训专员的智慧

为了使读者更好地理解本书的写作背景和特征，在此对 OJT[①] 解决方案股份有限公司（OJT Solutions）进行介绍。

OJT 解决方案股份有限公司是由丰田汽车（以下简称丰田）与利库路特集团（Recruit Group）于 2002 年共同创立的。在当时的产业界，丰田的现场管理、人才培养等知识只对丰

---

① OJT 意为工作现场，是 On the Job Training 的缩写。

田公司内部以及丰田相关企业开放。

而且，由于当时员工返聘制度尚未普及，一线高级技术人员一旦超过60岁便处于一种英雄无用武之地的境地。

在上述情况出现之前，一种设想悄然而生，那就是"如果能够将这些专业知识和实际经验广泛回馈给社会，那将有助于提升日本产业的整体水平"。

正是在这样的背景下，拥有提升一线岗位效率与人才培养相关知识的丰田与擅长事业规划与营销的利库路特集团联手创立了本公司。

本公司约有100名员工，其中大约70名是在丰田的一线岗位有着40年经验积累的丰田老员工，他们被称为"培训专员"。这些人无一例外都认同本公司的愿景，并在退休之前主动要求加入本公司。虽然一半以上的培训专员都来自喷漆、机械等一线制造岗位，但也不乏来自生产技术、保养、生产管理等部门的员工。他们每个人都具备较强的专业知识，并且在任职丰田期间，每个人都是拥有100—500名下属的主管。

正是拥有了这样的工作经历，作为提升一线岗位效率方面的专家，培训专员即便是首次走访客户希望改进的一线岗位，也能够立刻找出该岗位存在的短板。同样，作为人力资源开发方面的专家，他们不仅熟知让一线员工充满干劲的口号及其具体实施的方法，还深知如何让该岗位在自己离开后也能继续开展改进活动的体制建设的要点。也就是说，培训专员打造的是一种可以通过人才培养与体制建设不断提升效率的一线生产岗位。

与客户公司的员工相比，培训专员有时会更加迫切地希望一线岗位的效率能提升得更高。他们通过与客户公司高管的反复讨论从而确定改进活动的方向。

对改进活动的当事人，即项目成员，培训专员像对待自己在丰田时期的下属一样，以宽严相济的方式来指导和培养他们。因此，许多项目成员都不禁感叹："培训专员简直就是可遇而不可求的'理想上司'。"关于该如何面对项目成员，一位培训专员这样说：

"他们每个人都拥有成长的潜力。然而这种潜力能否发挥出来则取决于周围给予这个人多大程度的关注和支持。就拿我自己来说，以前业绩不佳，屡屡犯错，即便如此上司也并没有放弃培养我，这才让我实现了不断成长。所以，作为培训专员，我会很认真地关注每一位项目成员的成长。"

非制造业也能够打造高效的生产一线

在 OJT 解决方案股份有限公司成立以来的 15 年中，培训专员指导过的企业数量超过 340 家。在这些企业当中，虽然开始时 80% 以上都是制造业，但在最近一年之内，银行、医院、零售等非制造业以及采购、设计等与制造业相关的行业也接近 30% 了。

与制造业的一线岗位相比，在这些岗位当中，由于每个人的具体分工不同，并且工作流程缺少可视性，因此存在改进难以落实的倾向。比如，每个业务的完成没有标准的时间，每个人都凭感觉制订计划；生产一线的分工效率低下，返工的情况时常发生。这些情况可以通过运用制造业的专业知识和实际经验来大力加以改进。

本书虽然并未涉及具体的改进细节，但是这些改进活动带来的成果可以广泛应用于各行各业。即便你身处非制造业的一线岗位，也可以参照本书描述的改进活动，打造一个高效的生产一线。

最希望一线岗位能够提高生产率

在日本，人口结构的变化虽然在许久之前就已经发生，但直到最近才被当作一个显著的事实为人们所接受。随着日本"少子化"的不断发展，作为国家主要劳动力的劳动年龄人口（15—64 岁）自 1995 年开始逐年递减。

虽然人口结构的变化从二十多年前就已经出现，但是由于长期的经济不景气造成各行各业的就业情况均处于停滞不前的状态，因此劳动力市场的需求并不十分紧迫。然而，随着近年来的经济复苏以及随之而来的用工需求骤增，劳动力短缺的问题便一下子凸显了出来。

日本在第二次世界大战后的经济高速成长时期，劳动年龄人口数量不断增加。在这样的时代背景下，社会对商品和服务的需求也呈现出不断增长的趋势，这就需要更多的劳动力来生产更多的商品并提供更多的服务。解决这种需求的方法就是不断增加劳动力的投入。

然而，一直以来作为日本主要劳动力的男性的绝对数量日益减少，女性、高龄者等由于育儿、护理、体力等原因难以从事全职工作的情况也为数不少。尽管劳动力的范围已经扩大到包括妇女和高龄者在内，但仍不乏工作时间少于平均工作时长的人，这就使得日本难以保证总体的工作时间。

这样的时代背景迫切需要我们打破一味投入时间和人力等资源的传统方式，提高生产效率，以有限的时间和人力获取更多的产出已经成了当务之急。

打造高效生产一线的丰田式改进

时下，如何提高生产率这个问题备受关注。对处于全球竞争态势下的制造业一线岗位而言，这一问题在日本也是长期以来备受关注的课题。

丰田也不例外。在昭和（1926 年 12 月 25 日—1989 年 1 月 7 日）初期，丰田的目标是通过生产国产车与美国汽车竞争。如果采用通常的方法，丰田将永远无法战胜在资源、技术、设备等方面都占绝对优势的美国汽车。于是丰田改进策略应运而生，即在岗的每一个人都将自己的智慧贡献出来，以此来不断提升一线岗位的生产效率。

经过数十年来的不断改进，丰田终于打造出了拥有绝对高效率的生产一线。这种方法一直沿用至今，在公布财务业绩时，除了汇率波动，必定会出现因改进活动而实现的成本降低的项目。由此可见，改进是永无止境的。

这种改进在价值观和企业理念方面也备受重视。2001 年，在丰田创业以来传承至今的价值观基础上制定的员工行为规范，被总结为"丰田模式"（TOYOTA WAY）。这一规范的基本思想以"智慧与改进""尊重人性"为两大支柱，强调人拥有无限的潜能，人可以运用智慧不断改进现状，朝着更好的方向前进。

丰田不仅在其全球各地工厂实施丰田模式，在根据不同职位实施的分级培训中，也会认真地讲授并实践"如何解决问题"，这被视为改进实践的一大技巧。

新员工入职后随即接受"QC①小组"（以小组为单位）和"创意功夫提案制度"（以个人为单位）等训练，通过这些反复锻炼不断提升自身的改进实践能力。公司内部详细的制度也鼓励大家积极践行丰田模式。

可以说这背后需要公司、领导打造出一种使下属能够充分发挥自身潜力的环境。这一点在一线岗位口头相传的话语中也得到了鲜明的体现。

"不是去上班，而是去想点子。"
（一线岗位需要层出不穷的新点子）

"让人做不必要的工作就是浪费那个人的人生。"
（上司的作用就是最大限度地发挥下属的潜能）

"工作就是生产 + 改进。"
（仅仅完成规定的生产任务并不能被称为一线工作）

通过以上方式，丰田创立了清晰的价值观，建立了多重机制来督促一线岗位的每位员工不断改进，从而打造了高效

---

① QC 意为质量控制，是 quality、control 两个英文单词的缩写。

的生产一线。本书除了介绍本公司所指导的企业案例，还将酌情介绍丰田所积极开展的改进工作。

本书的构成

最后简要说明本书的构成。概要如下图所示，该流程主要通过改进活动来提高现场力并打造高效的生产一线。

第一章从打造一线的现场力的角度，分析一线岗位及其整体环境所需的必要因素，之后的第二章至第六章将介绍改进活动的每个步骤。

关于各章的内容，在此略做说明。

第一章以"打造高效的一线的改进活动"为主题，说明要实现的最终目标及其必要的先决条件。针对"拥有具备现场力的岗位"这一最终目标，本章将从岗位状态与成员状态两个角度进行解说。

另一方面，有些组织即使意识到改进活动的必要性，也无法实施或坚持下去，甚至有些组织一开始便对改进活动的必要性深表怀疑。为了解决这些状况，本章列举了实施、持续开展改进活动大前提的必要因素以及保证改进活动有效性的若干要点。

第二章以"准备：确保促使一线改变的动力"为主题，

从高层做出开展改进活动的决策开始介绍。虽然高层管理人员以长远的眼光进行决策很重要，但是做出的决策并不是终

本书的整体构成

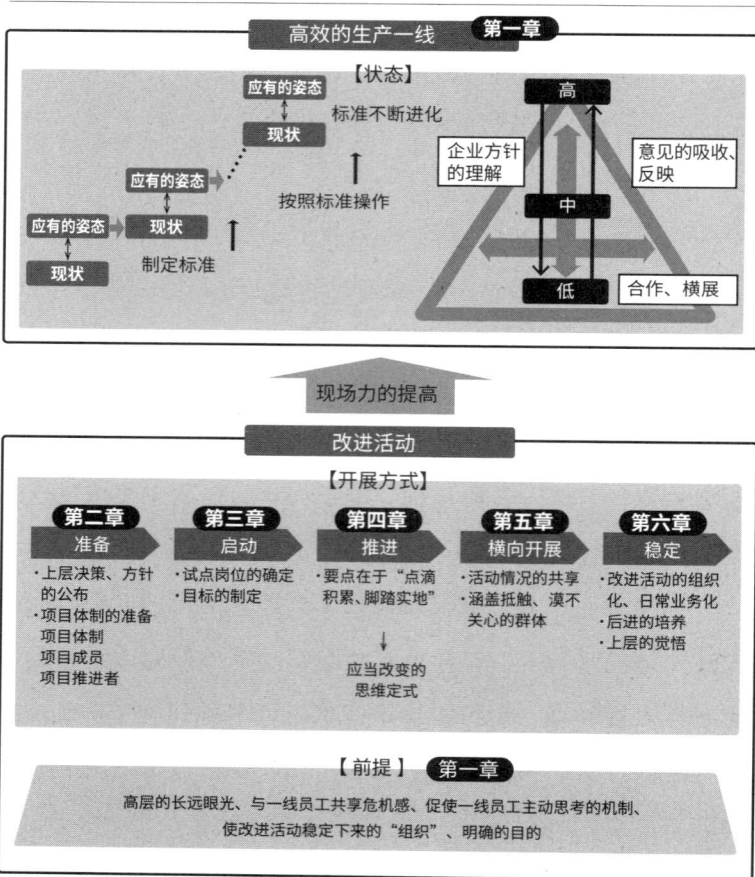

极目标。还必须建立一个项目系统，以便让组织上下对所做出的决策形成共识，并使其得到具体的落实。

对作为活动核心的项目成员而言，也有一些要素容易被其忽略。在仔细挑选符合要求的人员以便顺利开展活动的同时，建立动员和活动机制，使他们能够切实履行职责也是高层的任务之一。通过这些机制建设认真进行活动前的准备，才能够确保"促使一线改变的动力"。

第三章以"启动：在底图上涂色"为主题，重点介绍实施改进活动的试点岗位的选定和活动目标的设定。

关于试点岗位，首选岗位会根据活动开始时的组织状态和岗位特征的不同而有所不同。

关于目标设定，虽然在目标方向、项目记录、时间轴等方面有一些共同点需要留意，但是目标的高低会根据试点岗位的状态的不同而有所不同。针对不同的目标，本书列举了不同的客户案例，因此请读者结合具体案例阅读本书。

第四章以"推进：转动沉重的车轮"为主题，介绍在活动的初始阶段需要特别重视的两点。

其一是从小处着手。在活动的初始阶段，不仅项目成员自身会对活动感到不安，大多数试点岗位的员工也会对活动持怀疑态度。为了摆脱这种状况，可以将注意力集中到一线的困难上，以此来贴近岗位需求，并采取有效方式优先开展能够在短时间内产生明显成果的课题。

其二是改变作为活动核心的项目成员的思维定式。为了能够迅速开展活动，在这一阶段应以积极的态度应对出现的困难状况。另外，养成通过数据分析来把控不易认清的现状的习惯也非常重要。

第五章的主题是"横展：让活动高效开展起来"。重点介绍将活动扩展到试点岗位以外的大多数岗位的状况。在此阶段，最初由少数几个利益相关者开展的活动，随着课题的逐渐扩大以及利益相关者数量的增加，其方向性会变得模糊起来，并且对活动开展情况的把握也会变得困难起来。另外，还需要动员以前对活动持抵触态度以及对活动漠不关心的人群参与到活动中来。

为此，需要在项目内部的早会、晚会以及高层会议等各种场合共享活动信息并就新对策的实施进行决策。除此之外，还可以通过促进年轻员工的成长以及对任务的合理分配来消除抵触情绪，并将漠不关心的人群带入其中。

第六章是最后一章，主题是"扎根：通过防倒退机制使活动持续、稳定地开展"。将介绍使活动扎根下来的组织结构模式及其相关机制。

在实施改进活动时，虽然重点是第二章至第四章中所述的活动推进，但是，对持续、稳定开展此类活动缺乏关注的情况也不少见。持续开展活动与推进活动是不同的，需要付出不同的努力。

另外，正如实施活动需要高层的长远眼光一样，活动的持续也需要高层的决心。实际的改进活动是由项目成员及试点岗位的员工具体实施开展的。但在许多情况下，高层的支持也是不可或缺的。

以上就是本书各章的主要内容。

希望本书能够帮助各位读者进一步提升自己的现场力，并由衷地期望高效的生产一线可以遍布日本和全球。

株式会社OJT解决方案股份有限公司

书中主要术语

➜ **培训专员**

从属于 OJT 解决方案股份有限公司的顾问。他们是拥有 40 年丰田一线岗位工作经验的老员工，来自喷漆、机械、生产技术、保养、生产管理等部门。截至 2017 年 10 月，约有 70 名培训专员在职。在丰田时代，他们每个人都是拥有 100—500 名下属的主管。他们致力于为客户公司培养人才，构建体制，打造能不断取得新成果的高效一线岗位。

➜ **项目**

当培训专员进行改进指导时，必须设立项目来作为改进活动的核心。项目可以由一个车间直接包揽，也可以从不同车间召集人才组成一个跨车间的项目。

➜ 项目带头人

项目带头人是团结项目成员推动项目的核心人物。最好由科长以上级别的员工担任。

➜ 项目推动者

项目推动者是站在高层的角度关注项目进展并扮演项目带头人和项目成员后援角色的人。之所以设置这一职位，是为了防止项目成员由于无法从相关部门获得支持而被孤立的情况出现。这一职位通常由职级高于项目带头人和项目成员的人担任，高层本身也可以兼任。

➜ 丰田生产方式（Toyota production system，简称 TPS）

丰田生产方式是丰田公司的一种独具特色的现代化生产方式。其特点是在制造方式、作业方式等各个方面追求合理性，同时通过杜绝企业内部各种浪费以降低成本。这一覆盖全公司的生产方式，可以以更低的价格，更及时地向更多的人提供更高质量的产品。

➜ 改进

改进是丰田生产方式的核心概念。改进活动是由所有员工参与、以杜绝企业内部各种浪费从而提高生产效率的活动。迄今为止，许多公司都在使用这种方式，它被认为是日本制造业实力的源泉。

➤ 合理化建议制度

合理化建议制度是广泛收集来自一线员工关于改进的想法和意见的制度。改进对象小到某个复杂的作业岗位，大到整条生产线。该制度已有约60年的历史，提案数量累计超过4000万件。

➤ 标准

以当前的品质、成本来规定各种作业的最佳方式或条件，并通过改进活动对其不断完善。员工将以此为标准开展作业。包括操作手册及操作说明书、质量检查手册、利刃更换操作手册等。该标准也被称为集中了现场智慧的指导手册。创建作业标准的这一过程被称为标准化。

➤ 5S

提取整理（Seiri）、整顿（Seiton）、清扫（Seiso）、清洁（Seiketsu）、素养（Shitsuke）五个单词的英语首字母，合称为"5S"。5S的目的不只是单纯的打扫卫生、整理干净，而是使问题和异常一目了然，从而使改进活动更容易开展。

➡ 解决问题的八个步骤

在丰田生产线上解决问题的流程包括：①明确问题；②把握现状；③设定目标；④找出根本原因；⑤制定对策；⑥贯彻实施对策；⑦确认效果；⑧巩固成果。实施这八个步骤无须依赖直觉和经验，可以通过理性的思维分析有效地解决问题。

➡ 真因

真因是导致问题的真正原因。如果对此采取对策，那么问题基本就不会复发。与之相对，要因指的是导致问题的表面原因，与真因不同，仅仅消除要因的话，问题可能随时会再次发生。

➡ 可视化

通过在组织内部共享信息，将大大有利于及早发现生产一线存在的问题，提高和改进效率。可视化有多种方法，比如，通过图形和图表来实现等。

➡ QC 小组

QC 小组指的是在岗位上主动开展改进活动的团队。丰田的 QC 小组由 4—5 名成员构成。所有成员分担领导、秘书等角色，通过开展管理活动改进岗位上存在的问题并保持高效的状态。

➡ 现地现物

在丰田的生产线上，尤为重视的理念是，"只有考察生产一线才能发现真相"。对事物的判断应当建立在对生产一线实际发生的情况以及商品、产品本身的考察上。据说，这一理念来源于本田创始人本田宗一郎的名言："现场、现物、现实。"

➡ 横展

横展是"横向开展"的缩略语。就丰田生产系统而言，横展指的是将一条生产线或一个车间的成功对策拓展应用到其他类似的生产线或车间。

目　录
CONTENTS

第六章　扎根：通过防倒退机制使活动持续、稳定地开展　**241**

第 一 章

打造高效的一线的

改进活动

本章要点

首先将终极目标确定为"打造高效的一线",其核心在于标准和交流。这一点在丰田的生产一线也备受重视。如今的一些企业,现场力日益减弱,这一问题是由一些典型的模式和因素所造成的。读者可以结合自身所在的岗位阅读本书。本章将从五个方面来说明改进活动对提升现场力的有效性。

高效的一线的理想状态是什么

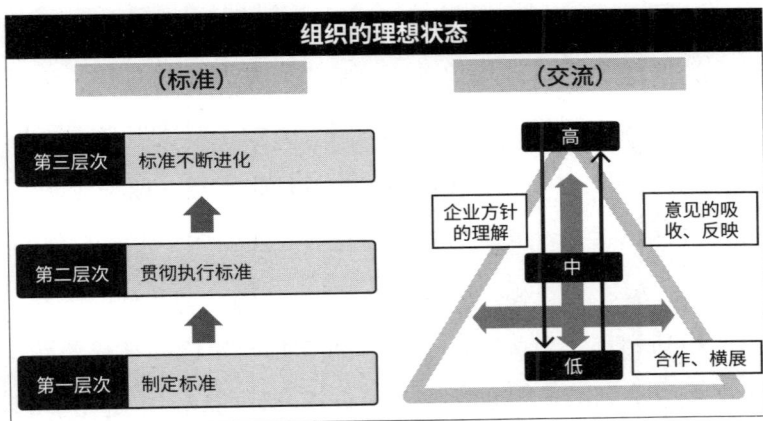

组织的理想状态

（标准）　　　　　　　　　**（交流）**

第三层次	标准不断进化
第二层次	贯彻执行标准
第一层次	制定标准

企业方针的理解　　意见的吸收、反映

高　中　低

合作、横展

你所在的公司现在处于何种状态？

或许是一家在竞争激烈的行业中刚刚成立的公司，在团结一致地工作的同时，可能会有许多突发情况需要应对；或者是一家在瞬息万变的行业中以老员工为主体的公司，重视积累的经验和方法。

基于行业、公司的多样化，以及岗位管理的成熟度等诸多因素，在此，我们希望强调的事实是，"组织的终极形态＝高效的一线"。

1. 理想状态因标准的不同而不同

你所在的公司或许已经有了改革的方向——希望成为某种形式的组织。

一家企业的理想状态指的是在某个时间点所设立的目标。为了达到这种理想状态，应明确所需人才的条件，并制订人才培养计划。同时，企业不同，这种理想状态也不尽相同；现场管理的水平不同，当前的目标也不同。即使达到了目前的理想状态，也应当紧接着提升、更新理想状态，然后努力去达成新的目标。

换句话说，当前状态与理想状态之间始终存在着差距，但是希望达到的理想状态取决于企业所处的状态。这里将理想状态大致分为三个层次，分别论述如下：

第一层次：制定标准

标准有各种形式，比如，工作开展的方式、所需的时间以及物品的摆放场地等。

制定标准的好处在于，可以判断当前的工作状态是否正常。如果按照标准（正常）进行操作的话，当下没有出现任何问题，则应进一步设定更高的目标；如果出现违规操作（异常）的话，则需要采取对策，严格执行标准。

只有制定了标准，才能继续下一步。比如，A 先生在某个岗位上按照①⇒②⇒③的顺序开展工作，然而仅凭 A 先生的工作方式，无法知晓这种工作方式的好坏。只有通过与从事同样工作的其他成员的做法进行比较，我们才能从速度、正确性、流畅性等多个角度，确定应该将哪种工作方式定为标准。到目前为止，在我们服务的企业当中，绝大多数都是从制定标准开始改进活动的。

第二层次：贯彻执行标准

这里必须具备三个要素。

要素一，相应的标准必须得到一线所有员工的理解和认同。当然，对标准的内容的详细阐释是非常重要的，但是从标准的制定阶段就让相关人员参与其中也很有必要。把所有注意力都放在制定标准阶段，虽然看上去会花费更多的时间，但是由于这会让一线落实该标准变得十分顺利，因此它可以提高标准在一线的落实程度，并缩短落实所需要的时间。

要素二，随时了解标准的遵守情况。标准化作业在制造业一线非常典型，但在办公场所，标准化作业通常是指个人的业务标准时间或标准交货时间等。这不仅是了解当前情况的大前提，也是了解标准的遵守情况的主要前提。

要素三，在出现违规情况时，采取相应对策，严格执行标准。在这里，解决问题的能力以及岗位间横向与纵向的沟通很重要。

第三层次：标准不断进化

即使一度达到了理想状态（当时的标准），也应当进一步制定更高的标准，并为之奋斗，以此来不断提高一线的生产效率。

此时，需要重新审视的对象不仅包括当前的具体工作方式，还包括现有的机制。比如上述有关 A 先生的例子，制度标准不仅意味着拥有高效的工序，还包括要建立能够与时俱进的体制。

在对机制重新进行审查时，将其他岗位的优秀案例进行横向拓展也是一个重要因素。在丰田，某个岗位上的好案例会通过各会议机构快速传播开来，上司会要求负责人"到一线去，用自己的眼睛亲自验证"。只有将从某一个岗位学到的经验推广到诸多不同岗位，这些经验才能对整个组织产生

理想状态的三个层次

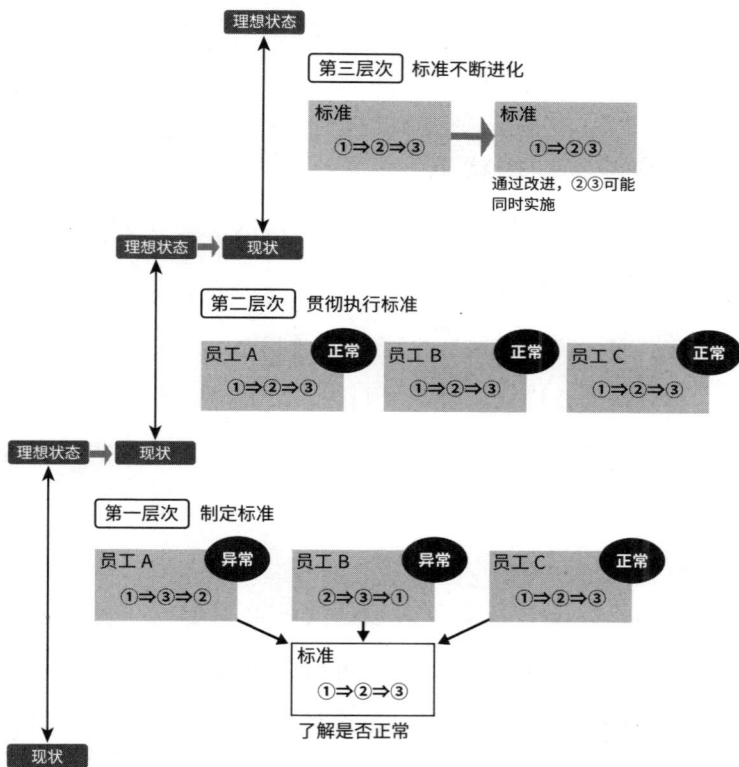

理想状态

第三层次 标准不断进化

标准	标准
①⇒②⇒③	①⇒②⇒③

通过改进，②③可能
同时实施

理想状态 → 现状

第二层次 贯彻执行标准

员工A 正常	员工B 正常	员工C 正常
①⇒②⇒③	①⇒②⇒③	①⇒②⇒③

理想状态 → 现状

第一层次 制定标准

员工A 异常	员工B 异常	员工C 正常
①⇒③⇒②	②⇒③⇒①	①⇒②⇒③

标准

①⇒②⇒③

了解是否正常

理想状态 → 现状

现状

积极影响。虽然只有很少一部分企业能真正做到这一点，但是一旦达到这一水平，就会形成一个能够迅速应对内外部环境变化的强大企业。

我们从以上三个层次，分别阐述了企业的理想状态，对一家企业来说，不可能一次性就达到最高层次。需要大家结合自身所在企业的现状，合理设定适宜的理想状态，一步一步脚踏实地地实现目标。

2. 交流的理想状态

接下来，我们将重点关注成员之间的人际关系，并思考其理想状态。可以说，理想状态是上述内容的基础，用一句话来概括的话，就是保持良好的沟通状态。

首先是垂直沟通。如果是自上而下进行沟通，则意味着生产一线也能够充分理解公司所确立的方针、课题等。在这种状态下，每位员工都可以将自身的行为与实施公司的方针结合起来。

例如，假设与有竞争关系的其他公司相比，自己公司在质量方面处于劣势的话，就可以将公司今年的方针定为将不良品的数量减少一半。在这种情况下，自己部门的目标可以设定为将产品 A 的不良品减少 20％，而个人目标则可以设定为在自己负责的生产环节中消除导致出现不良品的根源。

如果是自下而上地沟通，则意味着可以将最熟悉一线的普通员工的各种想法纳入公司的运营之中。在这种状态下，少数精英高层制定的方针固然重要，但是在实际操作的改进方面，普通员工更有发言权。通过让他们不断参与改进提案的制定和实施，一线效率会稳步提升。

实现这样的沟通，不仅能提升当下的操作效率，还会带来中长期的效果，更有利于提高员工的积极性。

需要特别注意的是，在以简单重复性作业为主的岗位上从业的员工，他们的工作积极性通常不高。在这种情况下，他们的改进提议一旦被公司重视起来，就会促使他们在工作之余进行思考，实际体验自我成长的感觉。

即使在丰田的一线，也有许多耗时一分钟左右需要不断重复的作业流程。可以说，从这种岗位上成长起来的培训专员，除了重复日常作业之外，还通过各种创意和改进极大地提高了自身的积极性。当然，对提议予以适当的金钱奖励是再好不过的了，但是从心理学的角度来看，非物质的奖励产生的效果反而更加持久。

如果员工的积极性得到了提高，就会产生持续性的效果。由于多数企业的一线并没有提供让员工思考的机会，因此很多企业在现场力的提高方面还有很大的上升空间。

高效的一线能够实施横向开展

这种方式具有不同的层次，比如，每位成员之间的沟通、公司与公司之间的沟通等。

从合作的角度来看，一个人很难单独完成所有的计划。课题越大越需要多人之间的合作。

从横向开展、应用的角度来看，如果在某一家企业采取的措施可以应用到其他企业的话，那么借鉴别人的经验，要比从零开始思考对策更加省时省力，而且还有可能通过提出新的想法来个二次创新。

横向开展也可以有效地防止问题的出现。例如，在岗位A的产品I中发现了质量缺陷。对这种情况，一方面可以采取措施，杜绝不良品出现，另一方面也可以从检查原材料的采购入手。

即便上述一系列对策能防止岗位A的产品I不会再次发生同样的问题，但也无法杜绝这一问题出现在其他岗位。因此，如果既能在某一岗位采取防范对策，又能将好的经验都采纳到自己的岗位中，就能够防患于未然。这一做法的好处在于，只需花费最少的精力，即可将其他岗位的经验拿来为己所用。

达到这一层次的公司，不仅能够迅速应对环境的变化，还能增强事业的持续性，并且能够在诸多岗位上持续开展一线的改进活动。

在本公司的客户企业中，时常会发生以下情景：由于明星员工层出不穷，以至于管理层都不禁感叹："我们居然有这样的人才。"在这样的企业中，无论是人员更替还是时间推移，一线的状态、工作的开展方式都始终处于与时俱进的状态。

成员的状态

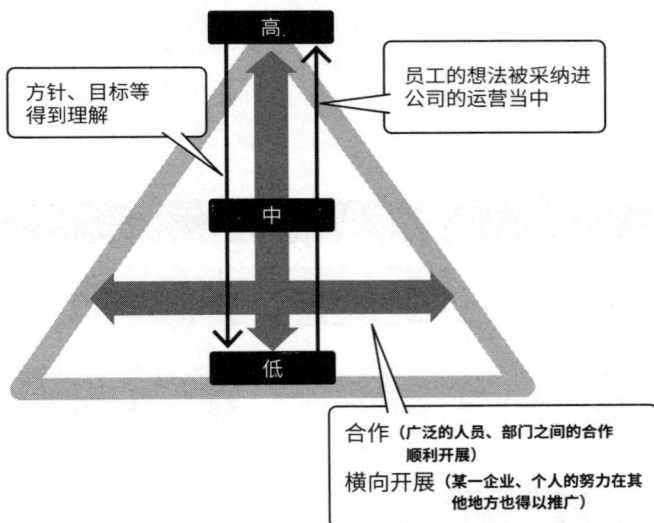

方针、目标等得到理解

员工的想法被采纳进公司的运营当中

合作（广泛的人员、部门之间的合作顺利开展）
横向开展（某一企业、个人的努力在其他地方也得以推广）

改进活动能够提升现场力

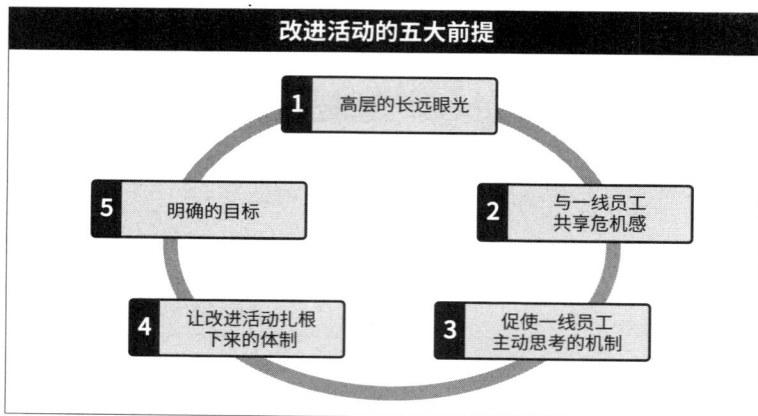

改进活动的五大前提

- **1** 高层的长远眼光
- **2** 与一线员工共享危机感
- **3** 促使一线员工主动思考的机制
- **4** 让改进活动扎根下来的体制
- **5** 明确的目标

　　尽管普遍认为高效的一线是必不可少的，但也并非所有的企业都具有强大的现场力。另外，即使企业在某一时期具备了强大的现场力，随着时间的推移，现场力也有可能逐步减弱。

　　在本节当中，我们将分别介绍实施改进活动（提升现场力的手段）的五大前提要素。

1. 高层的长远眼光

首先，决定企业发展方向的高层需要对实施改进活动举棋不定的原因做出思考。

把握改进活动效果的难点

数字是表达事实强有力的手段。即使是那些对事实不甚了解的人，也可以通过具体的数字在短时间内迅速认清事实。

如何通过强有力的数字将现场力展现出来呢？

一些公司正在对公司的各个方面进行量化处理。例如，记录"改进提案的件数""客户投诉的件数"等。然而，这些数字仅仅能体现概况，不能对实际状况做到精准的把握。另外，不像销售额、利润等量化指标那样，每家公司都遵守着共同的规则。关于现场力并没有量化的统一标准，因而无法与其他公司进行比较。于是，量化成为评估现场力的障碍之一。

此外，与销售额和利润等经营指标相比，现场力的变化还具有延迟性的特点。也就是说，现场力的提升或下降需要经过一段时间才能表现为销售额和利润的变化。

即使在提升现场力方面（改进活动）稍微放松了努力，暂时不会出现问题，但是在一段时间后肯定会产生影响。反过来说，即使为改进活动付出了努力，也不会立刻反映到销售额和利润上。

在我们的客户公司，针对试点工序的改进努力一般在半年之后才能看见"产量提高n％"之类的成果，而对整个工厂以及全公司的利益产生的影响，往往要经过数年以后才会清晰显现。积极效果是实实在在的，只不过需要花费时间才能看得到。

如上所述，现场力对经营活动来说是必不可少的，由于很难定量地把握当前状况，所以从活动开始到效果显现会有一定的时间差。

因此，为提升现场力而采取的措施，取决于带头人在启动活动时是否具有长远眼光。如果仅凭活动初始阶段的情形而过早地做出决定，由于销售额和利润没有提高，便认为改进活动没有意义，进而停止活动，那么将无法享受在此之后本应获得的好处。

是什么遮住了高层的长远眼光

那么，是什么遮住了高层的长远眼光呢？

第一种情况是业绩的大幅恶化。

在这种情况下，企业迫切需要通过增加销售额或者降低成本来维持生存。即使明知企业运营需要长远眼光，但是一旦经营恶化就不得不面对确保眼前的利润或者销售额的压力。这样一来，目光短浅也是无奈的选择。

另一种情况是，虽然企业经营并未遇到危机，但是经营者比较看重眼前的漂亮业绩，上市公司的股东们也渴望获得短期收益。

无论是股份制还是主办银行制①，都是在充分掌握企业信息的基础上，从长远眼光出发与企业建立合作关系的。

近年来，短期持有股票的机构投资者以及对企业活动缺乏深入理解的个人股东数量呈增长趋势，他们以眼前的数字作为判断的主要参考指标。为了适应这样的外部环境，企业高层也更偏重于短期利益导向。

以上两种情况仅是典型的理由。此外，还会出现诸如技术革新导致行业巨变，从而无法进行长远性展望的情况，以及由此导致的对一线岗位的要求内容不明确等情况。

然而，无论是过去还是现在，改进活动的成果需要时间才能呈现这一点丝毫未发生改变。

为了实现长足的发展，即便是在不利的环境下，能否立意长远将决定活动的成败。

---

① 主办银行制（Main Bank System）指公司以一家银行作为自己的主要贷款行并接受其金融信托及财务监控的一种银企结合制度。在此制度下，一家企业的全部或大多数金融服务指定由一家银行提供。

案例①

在芯片设计公司的全盛时代，
对企业的现场力抱有强烈危机感的高层

2000 年前后正是芯片设计公司 (Fabless Semiconductor Company) 的全盛时期。芯片设计公司也属于制造业的一部分，不过其制造功能由外包公司承担，自己专门从事研发、设计等工作。那时，这种将制造环节委托给外包公司，本企业集中精力进行研发、设计的理念席卷了整个制造业。不少使用这一模式的家电、电子设备制造商也已经取得了巨大成功。同时，中国大陆和中国台湾地区也涌现出了一批可以生产物美价廉商品的厂商。

面对这一趋势，日本一家大型精密仪器制造商 A 公司的干部产生了强烈的危机感。在他看来，制造商放弃生产一线，或许会在短期内产生利润，但从长远角度来看，必将导致研发以及销售等诸多岗位的衰退。

他这样说："虽然有必要紧跟新潮流，但是有些事情是绝对要坚持的。作为制造业，我们需要一种基于长远眼光的制造哲学。对于这一点，我认为我们应该向丰田学习，因为丰田已经贯彻'现地现物'理念七十多年，如今，这一理念仍在不断地创造价值和利润。"

虽然Ａ公司在短期内不用担心业绩问题，但它立足长远，增强了忧患意识，并由此开始实施由本公司培训专员指导的改进活动。一开始，由于两者之间的思维方式截然不同，项目成员与培训专员之间存在很大的矛盾。但到最后，经过本公司培训专员将近六年的指导，该公司现已经能够独立开展内部改进活动了。

从改进活动开始到现在，已经过去了十多年的时间，它不仅为Ａ公司完成经营指标做出了贡献，还在Ａ公司内部形成了类似践行"丰田模式"的行为规范。另外，改进活动在整个Ａ公司的定位也变得清晰明确了。正是由于立足长远开展改进活动，Ａ公司才有今天的丰硕成果。

现场力不仅难以量化，而且实施效果具有滞后性。虽然如此，只要高层能立足长远，通过改进活动来提升现场力，就会为企业带来丰厚的回报。

高层的作用并不局限于确保企业当前实力强劲，还肩负着能以更佳的状态将企业交付给后继者的责任。

2. 与一线员工共享危机感

危机感作为审视当前状况的引擎，对改进活动是必不可少的。企业高层领导立足长远、居安思危是危机感的源头。

然而，无论高层多么优秀，一个人能做的事情毕竟是有限的。

另外，在以男性正式员工为主力的时代，不成文的价值观和规定还可以通行。但如今，员工构成在性别、国籍、工作方式等方面已日趋多样化，因此可以通行的不成文的规定也正在日益减少。于是，以更通俗易懂的形式进行信息的共享和交流便成了大势所趋。

正是在这种背景下，为了让更多的员工有危机感，在沟通环节多下功夫是必不可少的。

由高层制定方针与目标

高层自身首先要做到不制造危机。让大家都心存忧患不是目的，真正的目的是通过分享，培养正确的危机感来避免危机。

为此，我们首先要做的是制定适当的方针和目标。

企业高层可以轻松获得各种信息，除了内部有关销售额和利润的信息，还包括行业内的竞争趋势以及顾客需求趋势等外部信息。这种便利所带来的结果就是，每天都有很多机会来思考企业的未来，自然而然地，危机感也会随之而来。

普通员工却很少会自发产生危机感。他们光是做好眼前的工作就已经竭尽全力了。在一般情况下，他们也不可能感受到高层所面临的危机感。

另一方面，他们能感受到的是与自身业务相关的任务指标所带来的压力。例如，销售员的任务指标是本季度营业额达到多少万元以上，质量监督员的指标是客户投诉减少多少个百分比。

为了较好地利用这种压力，比较有效的方式是，高层要根据外部环境和内部环境制定明确的方针，并根据这一方针制定公司每个部门及岗位的目标，这些目标要与公司的整体方针以及实际业务相结合。如果整个公司的运营都围绕着实现这些目标而展开的话，那么即使身为普通员工也能够与高层一样有危机感。

不能只是一味地煽动、制造危机感，而是要让大家在都有危机感的同时，切实地计划好可行方案才是健全之策。

设立参谋职位，掌握一线的真实状态

高层的第二个作用是实时掌握一线的真实状态。

一线的状态可以通过各种数据进行把握。如果是销售部门的话，对销量这一结果指标，可以通过之前商谈的次数、参加促销研讨会的人数和咨询件数来衡量。

另一方面，由于很难从数据之类的定量信息中获取所有的内容，因此有必要创建一种能够及时把握定性信息的机制。当然，高层管理人员走访现场，听取负责人的意见也是

一种方式。但是，也有可能会出现面对高层主管，基层员工不便说出实情的情况。

在这种情况下，有效的应对措施是设立专人或专职部门充当参谋的角色。这一角色的扮演者要尽可能广泛地参与课题，并且不动声色地获取一线的第一手信息。

如果是在制造部门设立，其人选应避开容易引起一线戒备的质量管理部门的人，而选择可以与之建立平行关系的安全卫生部门的人。该部门的作用是保护员工的健康与安全，并负责调查事故以及发现可能诱发事故的隐患，防止事故的再次发生。这样的人在走访一线时，便有许多机会与负责人进行交流，从而能够更全面地把握岗位的现状。

他们掌握的第一手资料包含了与数据背后的事实相关的信息。通常，如果一线员工牢骚不断，或缺勤或加班屡见不鲜的话，其生产率和质量都会很低。如果放任这种状况不管，那么无论是个别岗位的管理还是整个企业的产量，都会出现非常糟糕的情况。

通过将参谋掌握的定性信息与高层管理人员掌握的定量信息结合起来便可以及早发现这种情况。

促使一线员工改变行为的措施

高层针对一线所采取措施的重点在于，要让生产和整改同步进行。

由于一线员工难以自发产生危机感，因此有必要通过某种方式改变一线员工的行为，让他们产生危机感。

改变一线员工行为的第一种方式，是让员工在日常工作中时常保持一定的危机感和紧张感。

关于这项措施，应该重点关注的是员工的心理变化，而不是用数值呈现出来的成果，即让他们认识到有必要行动起来，做出改变。

举一个简单的例子，就拿削减成本来说，每位员工都按照这个方针，在实际从事业务时，设定"与去年相比把成本降低 n%"的具体目标，然后为了实现这一目标而努力奋斗。除此之外，还需要在日常行为上增加一些新的限制。

例如，"强化对购买文具的管理""加强对出差许可的审查""禁止彩色复印"等。即使这些措施在削减成本方面的效果有限，但至少会让员工们感到有所不便，因为他们之前的那些做法已行不通了。

通过改变员工的习惯性行为，会让他们产生"这次与以往不同"的感觉，进而有望在实现更大定量效果的领域中，也会改变自己的行为。

值得一提的是，对丰田来说，为一线营造紧张气氛非常重要。所谓为一线营造紧张气氛，指的是在一线岗位上，只保留最低限度的人力、物力、财力等资源，让那里有种紧张感。因为如果人力、物力、财力过于充足的话，即使出了问题也很难被察觉到。

如果参与某项工程的实际人数多于所需人数的话，那么即使作业进度比标准时间慢，也不会出现加班的情况，于是超时问题就被隐藏了起来。或者，在流水线近乎停滞时，采用人海战术来弥补的话，那么流水线上正在发生的问题就难以显现出来。另外，如果员工们习惯于拥有大量资源，那就难以在有限的条件下发挥其主观能动性。无论是让问题更容易被发现，还是在推动改进活动的展开方面，为一线营造紧张气氛都十分有效。

通过少数人来传播危机感

改变一线员工行为的第二种方式，是通过一个人将危机感传递给少数人。

少数人之间的交流具有将说话者和听话者团结起来的优势。此外，如果双方是上下级这类熟悉的关系，而不是公司高层与普通员工那样的互无交集的关系的话，才能够加强彼此间的信任，从而使改进活动变得更容易被接受。

另一方面，通过少数人来传递危机感也存在缺点。在小范围内进行信息传递时，必须经过自上而下的层层交流才能将信息传递得更广。然而，信息在层层传递的过程中，内容极有可能会发生改变，就像传声筒游戏一样。

针对该缺点的对策之一，是高层冷不防地向下属确认信息是如何传达的。例如，"对了，佐藤课长跟你谈过客户投诉的事了吧，具体怎么说的"，这种情形。

经过实际确认发现，或者信息并未传递到一线，或者传递了错误的信息，这样的例子不在少数。在这种情况下，需要将意见反馈给和自己直接交流的人（此处为佐藤课长），让对方再次进行纠正。通过重复这一操作，信息将会得到正确传递。

这是 OJT 解决方案股份有限公司的培训专员在丰田时代所使用的方法。但是，某些东西的正确形式不能只靠一味地说教或执行来维持和巩固。采取措施之后，必须实时跟进，必要时加以制止。

如上所述，危机感不能停留在高层，而且也不能一味地嘴上强调，需要建立一种机制与一线员工有效地分享。

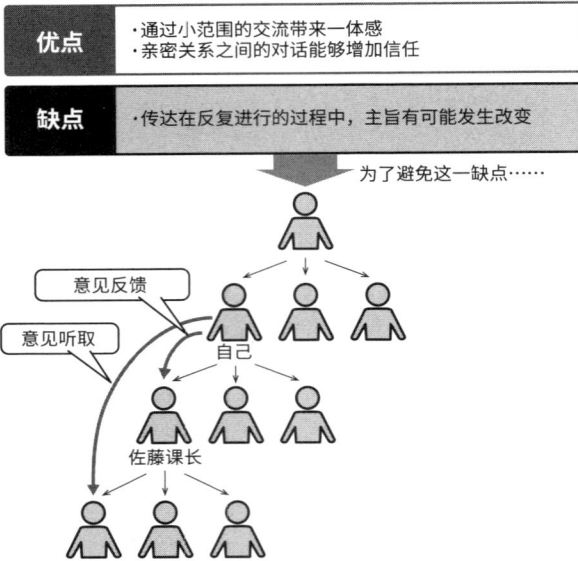

通过少数人传递危机感

| 优点 | ·通过小范围的交流带来一体感
·亲密关系之间的对话能够增加信任 |
| 缺点 | ·传达在反复进行的过程中，主旨有可能发生改变 |

为了避免这一缺点……

意见反馈

意见听取

自己

佐藤课长

3. 促使一线员工主动思考的机制

正如之前提到的，在日常工作中，一线员工几乎不可能
有高层那样的危机感。

那么，一线员工究竟是在怎样的心态下工作的呢？另
外，为了推进改进活动，他们必须做出怎样的行动呢？

以"想轻松"的意愿为支撑

首先，让我们考虑一下一线员工们的想法。他们最关心的究竟是什么？难道是让自己比昨天更进步吗？虽然不能否认有这样的员工，但这只是极少数优秀员工的想法。

大多数人在无意识中考虑的是"想要更轻松地工作"。

大家不妨回顾一下自己的生活，多多少少会有一些类似的想法吧。程度或许因人而异，但关键在于如何使大多数人的想法朝更积极的方向发展。"想要更轻松地工作"这一想法本身要与现场力的提高结合起来。比如，将这一想法转变成动力，促使员工思考，是否能够以更短的时间、更轻松的方式完成同样的任务。

除了"想要更轻松地工作"这一因素之外，还有一个许多人共有的因素，那就是随着时间的推移，能够不断地适应现状。因此，有必要建立一种能够在第一时间收集一线员工想法和智慧的机制。

让我们来具体展开一下。

职员 A 被分配到某个一线岗位。刚来到这个岗位，并被教导如何进行每项工作时，职员 A 会产生各种各样的疑问和想法，比如，"这样做不是更流畅吗""这个流程真有必要做吗"。但是，在这个岗位中，他毕竟是一名新手，出于对前辈们的尊重，他不愿说出自己的想法。

半年过去后，职员 A 早在不知不觉中忘记了当初的疑问，并已习惯于在规定的流程中完成规定的工作。当职员 A

向新人 B 传授工作方法时，新人 B 提出疑问："如果是完成这项作业的话，采用这种做法不是更顺畅吗？"这时，职员 A 才意识到自己早已将半年前的疑问抛到脑后了。大家是不是都有过这种经历呢？

就这样，以"想要轻松工作"的意愿为契机产生的各种创意，如果没有收集的机制，这些创意就会被统统埋没掉。

尽管在一线员工中会有各种各样的想法和创意，但它们很少得到重视，更不用说被采纳到生产之中了。为了营造一个更高效的一线，我们需要一种机制来收集这些来自一线员工的心声。

思考就是工作

接下来，让我们思考一下一线员工的角色要求。

如前所述，高效的一线的理想状态分为三个不同层次，分别是"制定标准""贯彻执行标准"以及"标准不断进化"。根据企业的目标层次不同，一线的理想状态也会有不同的层次。

如果目标是达到有标准可依的状态，那么一线员工追求的是"当前应当遵守的级别、内容＝标准得到理解"；如果目标是按照标准操作，那么就要求一线员工贯彻执行标准；

如果目标是标准不断进化，那么对一线员工的要求则是努力改进现状以达到更好的状态。

在这一前提下，大家不妨思考一下在自己所处的岗位上，实际需要什么样的一线员工，是不是口头上追求改进，而实际上追求的只是按照规定的流程完成任务而已的人呢？

例如，新人提出了自己的意见："这样做不是更容易吗？"对这样的新人，你是用一句"过去一直是这种做法"来反驳对方，还是认为对方不易相处而对其敬而远之呢？

据说，丰田的理念是："工作＝作业＋改进"。虽然有标准规定了该如何进行每项作业，但如果只是一味地遵守标准就成了单纯的作业，而不是工作。工作就是不断完善（改进）现有的标准，在此过程中，维持现状与改善现状两者的平衡是必不可少的。

在丰田，"合理化建议制度"是一种促使一线员工进行思考并收集其创意的机制。该制度已有大约60年的历史，广泛收集了来自一线员工的意见，这些意见从改进难以操作的作业等初级水平，到大规模改变生产线等重大决策，范围十分广泛。从过去到现在，累计的案例总数超过4000万件，这一数字也表明了该制度已经成功地收集了众多一线员工的意见。

当然，为了使这个制度稳定地发挥作用，虽然需要花费一番功夫，但是设立这一制度本身便是促使一线员工主动思考，并为提升现场力做出贡献的开端。

案例②
放弃改进的临时工，通过"问题登记表"，
成了改进活动的关键

"怎么说呢，哎……"这是培训专员们走访B公司工厂时的第一个感受。

在生产汽车配件的B公司的工厂里，到处充斥着员工愤怒的声音，"那个放哪儿了""这个是次品"，如此等等。无论生产的是零件还是成品，都胡乱地堆放在车间里。

一位员工说道："由于生产计划的临时变更，不得不手忙脚乱地开始收集材料，最终导致加班量越来越大。大家每天都在忙碌中度过。人际关系也很紧张，上司只是机械地将指示下达到生产一线而已。"

针对这一现状，培训专员采取的第一项措施就是使用"问题登记表"。"合理化建议制度"以与业务直接相关的内容为中心，虽然改进对象的选择、改进方案的实施以及改进效果的检验等一系列的操作，均由当事人负责实施，但是在

"问题登记表"制度中，当事人负责的只是找出改进对象，供大家参考。

此外，该登记表可以应对各种各样的课题，从与业务内容直接相关的重要课题，如"作业时由于工作台昏暗而导致操作困难"，到"希望更衣室里能有面镜子"等次要课题，以尽量不给一线员工增添负担的形式开始。

培训专员使用这一制度的目的是，改变大家对于培训专员的负面印象，以及提高一线员工的改进意识。想要达到这样的效果，关键在于认真倾听一线员工的声音。

从之前的活动过程来看，一开始，生产一线会充斥着以"反正说了也没用"为代表的懈怠感，以及认为"培训专员是来裁员的"等误解。对此，培训专员郑重承诺，这次一定会听取一线员工的意见，并且为了让一线的生产效率更高，培训专员反复强调，希望对一线最娴熟的临时员工把困扰他们的事情作为改进的课题提出来。

同时，培训专员要求项目成员，除需要花费大量资金的情况之外，对"感到头疼的事情"，原则上需要在当天或者第二天就要采取对策，如果无法采取对策，则需要说明理由。总之，必须进行意见反馈。

另一方面，在听取临时员工的意见时，有人反映，"即使遇到需要家长参加的亲子活动时也很难请假"，"不同员工之间请假的难易程度有差别"。于是，通过实现临时员工的年度休假计划与当天人员配置的可视化，临时员工获得了与项目成员同样的休假机会。

就这样，通过认真聆听一线员工的声音，并不断采取应对措施，一开始将信将疑持旁观态度的临时员工也逐渐开始说出了自己的想法。于是，弥漫在现场的懈怠感和不信任感便慢慢地消失了。

结果，不仅形成了能够轻松开展工作的良好环境，更重要的是，自己的想法能为公司做出贡献，由此而获得充实感、成就感的临时员工，日后成了为改进活动做出巨大贡献的中坚力量。

丰田现场力

问题登记表

问题登记表

● ●

请把平时的问题告诉我们。
无论多么微不足道的事情都可以！

【问题】

日期：2/13　姓名：石川花子

从 2 号生产线取货需要弯腰，结果时间长了腰疼。

（已取到）

【对策】

日期：2/15　姓名：铃木太郎

将放置零件的箱子调整到方便取用的高度。

（已回复）

【对于对策的感想】

日期：2/16　姓名：石川花子

作业变得轻松多了。
非常感谢！

该表是简单记录问题与应对情况的表格。
重要的是针对一线员工的呼声所采取的认真对待的态度。

上述案例虽然是针对特定客户公司的，但是本公司的其他客户企业也出现了许多类似的案例。

人类与生俱来就有"想轻松"的心态，同时也有安于现状的心态。为了最大限度地发挥一线员工的力量，必须以人类的这两种心态为前提，建立一种促使一线员工思考的机制。

4.让改进活动扎根下来的机制

改进活动大致分为两个阶段。首先是开启活动并使之步入正轨，然后就是坚持并扩展这些活动。一旦改进活动步入正轨，人们就容易掉以轻心。于是，在不少企业的生产一线，进入活动的第二阶段（坚持并扩展），工作往往会出现懈怠。

为了坚持并扩展活动，有必要在活动的开始阶段就建立一种机制。丰田在各种情况下都非常重视这一举措。

例如，从生产部门到事务部门的所有部门的新职员，在学习问题解决方式的过程中，首先从明确问题和把握现状开始，最后必须采用标准化与横向开展来巩固成果。好不容易解决了问题并且出现了暂时的积极效果，只有改变实际的业务流程，构建切实可行的体制，并将这一效果扩展到拥有类似业务的其他部门中，问题才能够得到真正的解决。

这就是解决问题过程中的成果巩固，对改进活动来说也同样如此，针对活动的持续和扩展所采取的措施，也必须给予特殊重视。详细情形会在第六章进行介绍，这里仅阐述其概要。

阻碍改进活动扎根的"依赖"

如何才能使活动持续下去并得到扩展呢？简而言之，就是使活动不依赖于特定的元素和情形。这里列举容易产生依赖性的三大要素。

第一个要素是"人"。在许多情况下，改进活动都有核心成员。在活动的草创期，核心成员也负责对抵制改变的一线员工进行解释和说服，并承担实际的改进活动。在活动的扩展期，核心成员负责支援各岗位活动的推进，并为长远且持续地开展活动而培养人才。

在活动的不同阶段，活动的内容也会有所变化，由于核心成员的存在改进活动才能够进行下去。核心成员是活动的重要组成部分，如果不采取措施，那么改进活动将越来越依赖于特定的个人。这就意味着，一旦核心成员出于某种原因离开活动，活动就会处于停滞状态。

第二个要素是"时间"。最初对活动充满新鲜感并且干劲十足的一线员工，随着时间的推移，热情会逐渐减退，活动也往往会趋于停滞。因此有必要想办法让员工始终保持新鲜感。

第三个要素是"业绩"。通常情况下，员工会被分配到业绩蒸蒸日上的生产线。这会导致投入改进活动的资源相对匮乏。与之相反的另一种情况是，由于业绩不佳，立足长远采取措施也往往无从谈起。这是两个极端的情况。无论是哪一种，业绩的极好或极差都容易导致改进活动的停滞不前。

随着改进活动的推进，活动往往容易依赖特定的要素和情况，如果不采取对策，依赖性将不断加重。为了使活动长期持续下去，除了采取推进活动的措施，还需要采取另外一种对策来消除这种依赖性。

切断"依赖"的三大对策

具体的对策就是成立一个关键机构。如上所述，改进活动容易依赖特定的个人，因此可通过建立特定的机构，保证他们能抽出足够的时间用于开展活动。即使处于生产旺季，也不用他们在生产活动上耗费过多的精力，确保他们可以将精力集中到改进活动上。

即便活动处于初始阶段，这种观点也是至关重要的。投入改进活动时间的多少极大地影响了活动的巩固和扩展。在本公司的客户企业中，曾出现过因未设置独立机构而导致活动半途而废的情况。

此外，从活动开展的难易程度来看，最好将该机构放在尽可能靠近高层的位置。接近管理层的人选可以给改进活动提供支持，也更容易获得更多部门的合作与支持。如果由于各方面的制约而难以建立这一机构，相关人员只能以兼职的形式组织活动，那么可以每周固定拿出几个小时，确保活动能够定期开展。

接下来，将该机构的作用明文化，并将实施项目纳入具体的日常工作当中。

对从活动一开始就参与其中的成员来说，因为他们对该机构的作用了然于胸，可能会认为没有必要在组织设立之初就对机构的作用进行明文规定。然而，随着人员的流动以及时间的推移，为了能够稳定持续地开展活动，进行明文规定是非常必要的。

另外一个关键点是，通过关键绩效指标（Key Performance Indicators，简称 KPI）来呈现活动的理想方向，并时刻关注其动向。丰田通过关键绩效指标来衡量效率、生产率的提升程度，并在高层的生产率提升会议上，通过 TPS 推动者联席会定期关注各工厂具体的改进活动。如上所述，通过明确作用和指标，以及对活动的实施情况进行定期的密切关注，大家就都能各司其职，各尽其责了。

最后，通过特定部门成员的定期轮岗，不断保持改进活动的新鲜感。

轮岗解决的是活动对"人"的依赖，保持新鲜感解决的是活动对"时间"的依赖。

特别是在活动顺利推进、稳定发展的阶段，对人员的调动往往比较慎重。然而，随着时间的推移，活动会越来越依赖特定的个人。从长远角度来看，最好是采取特殊措施让活动稳定下来，3年之后再实施人员调动。

　　另外，保持活动的新鲜感，并不是要经常更换课题，即便是同一课题，也可以每过一段时间就选择一个新的工序进行试点，使成员感受到活动的阶段性。

　　一旦改进活动步入正轨，如果不采取巩固对策，必定会重蹈覆辙。为了使活动不受人员变动、时间推移以及业绩变化的干扰，必须采取特殊措施来维持和推进活动的展开。

5. 明确的目标

　　特别是在制造业，实施改进活动已经成为许多企业的共识。然而，究竟有多少企业有真正明确的改进目标呢？"既然别的企业都实施了，我们公司也开展吧。"如果只是出于这种随波逐流的意识，是很难获得真正的改进的。

5S 的目标不是打扫干净

　　5S活动是改进活动的代表之一。可以说 5S 是最基本且最容易实施的改进活动。

　　当我们的培训专员初次走访客户企业并听取意见时，许多企业都表示："我们已经做到了 5S。"而我们实际走访一线之后，发现大部分企业所做到的只是"打扫"而已。就开展5S活动的目标进行提问时，得到的大多数答案都是"把车间打扫干净"。这就是目标不明确的典型例子。

5S 活动根本的目标，并不是把车间打扫干净，而是通过摆放并保管好必要的物品，从而让人对一线的生产状态是否正常一目了然，也就是让一线存在的问题实现可视化。实施 5S 活动本身并不是目标，它只是获得提高生产率等具体好处而采取的手段之一。

如果目标不够明确，就有可能出现随着人员和时间的变化而导致活动半途而废的情况。在本公司实施的调查① 中，摆脱"因为其他公司都在做"的业界影响，独立制定目标开展改进活动的企业，对改进活动的满意度最高。可以说，明确改进活动的目标，在很大程度上影响了活动的成败及其可持续性。

改进活动的内容因目标不同而各异

目标不同，改进活动的内容自然也会有所差异。这里所说的目标，指的是为了实现打造高效的一线这一最终目标所要逐步实现的阶段性目标，并不是最终目标。

---

① 本公司于 2016 年 2—3 月实施了一个调查，目的是明确由于企业特性的不同所采取的改进活动的措施有何差异，以及促使改进活动取得成果的措施都有哪些构成要素。调查对象是 335 家销售额超过 30 亿日元的日本制造业的经理层。调查的详细信息发布在 OJT 解决方案股份有限公司的官方网站上。

在此介绍目标与活动内容的三种典型模式。当然，为了实现以下目标，也可以采用其他不同的方法，以下案例虽极具代表性，但也仅供参考。

①以提高生产率为目标

这种情况下采取的主要手段是5S活动配合改进作业。在改进作业方面，需要进行相关知识的学习，比如，学习实际的现场分析手法以及如何发现需要改进的地方。实际上，可考虑利用录像机将客户企业试点岗位上员工的实际作业过程记录下来，然后分析每项操作花费了多长时间，从而思考哪些工序可以缩短时间、哪些工序可以更加轻松、哪些工序可以省去等。

②以培养改进意识为目标

此时，主要手段是解决问题的技巧。虽然根据解决问题后愿景的不同，解决问题的技巧也有高低之分，但最基本的是针对一线员工提出的实际问题采取相应的对策。首先要搞清楚，该问题为什么重要到非解决不可，其次要给问题划分等级和目标值，然后再调查问题发生的真正原因并探讨应对之策。

学习具体的改进方法固然重要，但是为了培养改进意识，对思维方式（即看待事物的角度、方式和方法）的学习也不容忽视。

③以提高生产一线管理水平为目标

此时，方针管理和日常管理是主要手段。方针管理指的是根据公司的整体方针，制定所处岗位自身的方针以及生产、质量、成本等各个领域的目标。

另外，日常管理指的是让一线员工为实现自身目标而正在付出努力的现状可视化，并确保员工朝着目标达成的方向扎实前行。

如上所述，目标不同，其改进活动的具体内容也大不相同。为了能够准确地把握活动的方向性，明确的目标至关重要。

案例③
从消除赤字，到实现盈利，再到培养人才

C公司是一家从事多种能源业务的企业，虽然业绩严峻，但已踏上复苏的轨道。由于国际形势骤变，其开展改进活动试点的工厂在20年间的业绩一直处于低迷状态，而且其一线岗位约有15年都一直没有招聘过应届毕业生。工厂虽然保住了，但是赤字之名一直无法甩掉，所以整个工厂依然死气沉沉。

在这种情况下，高层迫切希望立足长远变革企业文化、

实现领导班子的新旧更替以及技艺和技能的传承。然而，在了解了高层的诉求，把握了工厂的现状之后，培训专员设定的最初目标却是摆脱赤字。虽然将企业文化的变革作为最终目标也很重要，但是培训专员认为，为了实现最终目标，首先要摆脱赤字，因为营造一种"我们也能做到"的积极氛围尤为重要。

为了消除赤字，培训专员采取的第一项措施就是，在装配车间设置生产管理公示板。当时，该公司不清楚装配所需零件是否齐全，生产的优先顺序也不明确，欠交订单大量堆积，却不知道该如何着手改善。

首先，从配件齐全能够顺利完成组装生产着手，利用生产管理公示板，实现零件供应状况的可视化，然后逐步找出瓶颈工序①（生产效率低的工序），并确定改进的目标。

另外，在士气一片低迷的工厂中，即便是精心挑选的项目成员也对活动持消极态度，所以培训专员要先与他们共同创造一个成功案例，再慢慢鼓舞他们的士气。

然后，培训专员与项目成员一起走访生产一线，并将自己对一线的看法传递给项目成员，比如："在刚刚的工序中，存在一个问题。你认为这个工序中存在的问题究竟是什么？"

---

① 瓶颈工序是指实际生产能力小于或等于生产负荷的工序。这类工序限制了整个企业的产出量和库存水平。

给予项目成员自我思考的机会。以这类活动为起点，瓶颈工序得以克服，之后活动扩展到提高车间整体生产率上。大约一年之后，该公司成功实现了盈利。

最后的课题是培养新的梯队人才。稳定地培养人才对于确保企业的可持续发展至关重要。之前公司对管理人员没有明确的要求，也没有人才培养机制，人员的升迁主要取决于管理层的主观意见。

培训专员听取以管理层为中心的意见，并制作了一份侧重于一线岗位的可行性和认同感的职务一览表。在此基础上，不仅重新审视了新员工的入职培训，还调整了培养、选拔下一代领导班子的机制。

根据公司的经营状况，活动的目的和课题会发生改变。

像这样，为了使活动不受人员以及时间变化的影响，并使该活动符合公司的方针与实际情况，明确活动目标是必不可少的。

C 公司活动课题的变迁

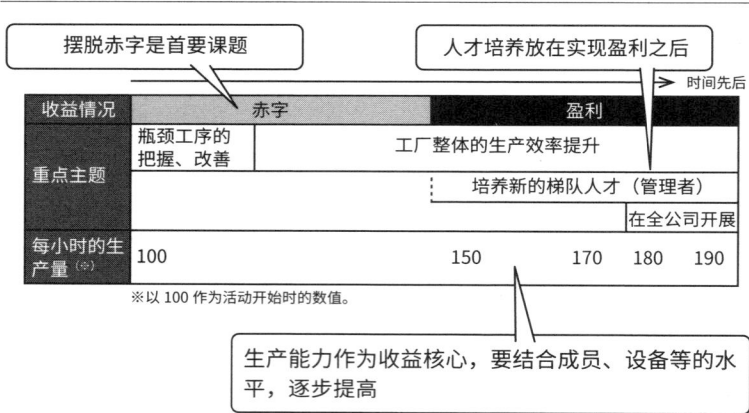

摆脱赤字是首要课题

人才培养放在实现盈利之后

→ 时间先后

收益情况	赤字			盈利		
重点主题	瓶颈工序的把握、改善	工厂整体的生产效率提升				
			培养新的梯队人才（管理者）			
					在全公司开展	
每小时的生产量 (※)	100		150	170	180	190

※以 100 作为活动开始时的数值。

生产能力作为收益核心，要结合成员、设备等的水平，逐步提高

改善活动取得的四大成效

改进活动的有效性

1　适用于各行业的一线岗位

• 改进也可以应用于制造业生产一线以外的岗位中（基本顺序为：作业改进→机械化）

2　通过解决问题提高企业的竞争优势

• 解决问题就是应对环境变化
• 解决问题的能力成为其他公司难以模仿的优势

3　能立足长远应对问题

• 不光要解决明显的问题，更要努力解决潜在的问题

4　最大限度地利用宝贵的人力资源

• 国际形势和人口结构的变化导致企业危机
• 日本公司也能够确保高质量的人才

　　本书将改进活动定义为提升现场力的一种手段。在此重新梳理一下改进活动的有效性，思考改进哪些方面有助于现场力的提高。

1. 适用于各行业的一线岗位

如前所述，改进活动是提升制造业生产一线现场力的一种手段。那么，在非制造业的一线也是如此吗？

实际上，改进活动所要面对的课题也有轻重缓急之分，这一点在制造业的生产一线有时也会被误解。当然，改进活动可以应用于制造业生产一线以外的其他岗位。

提高生产率的两种方式

生产率可以通过"产出／投入"计算出来。虽然产出和投入中包含的具体项目因业务模式的不同而不同，但是为了提高生产率，通常有增加产出或减少投入两种方式。实现这一目的的方法多种多样，这里仅介绍两种具有代表性的方法。

顺便说一下，在丰田公司，生产率是通过"劳动生产率"（每人每小时的产出）、"设备生产率"（每小时的产出）以及"材料生产率"（也称为每种材料的产出率、成品率）来衡量的。

①机械化

机械化也被称为系统化、自动化，指的是直接用机器或系统来代替原先的手工操作。为了增加产量，或用更少的人员来保持产量，通常会利用设备或系统。

在制造业中，引进自动化机器或新增生产线都属于这种方法。而在服务业中则意味着通过引进系统或者机器人等来代替原本由人工完成的操作。最近，越来越多的企业引进了人工智能（AI），这也可以说是一种方法。

②作业改进

这是重新审视当前手工操作的一种方法。属于用较少的投入来保证产出的方法。最常用的办法是，发现并想办法克服和杜绝每道工序中的难点和浪费。

基本顺序是"作业改进→机械化"

作业改进和机械化虽然都是行之有效的方法，但是有一点需要特别注意。那就是首先要进行作业改进，然后在此基础上实现机械化。

尽管机械化能够在短时间内迅速提高产量，但是许多企业却做了很多不必要的工作或采用了效率低下的方法。如果在原有状态下贸然实施机械化，那么之前的操作方法就会延续下去。也就是说，那些多余的操作也会被纳入机械化操作。因此，首先要通过改进作业使工作达到最佳状态，然后在此基础上再进行机械化。

另外，在引入机械化时，必须对所需产量进行精确评估。极端一点说，如果每天只能销售100件产品，却引进了每天能生产1000件的机器，那么剩余的900件的产能只能被闲置。为此而付出的多余成本，最终还是要回归到生产成本。原本打算通过机械化降低成本，其结果却造成了成本的增加。

如上所述，虽然这里强调的是不要轻易引入机械化，但是也要根据产量需要和人才录用情况的不同而有所改变。

原本耗时3天的作业现在只需80秒

为了帮助读者理解作业改进的重要性，先讲一个我们的培训专员在丰田任职时的故事。

他从20世纪60年代后期开始在丰田工作，当时，在冲压车间，转换车型（也被称为"更换模具"）需要花费大约3天时间。由于在更换模具的过程中生产是停止的，因此产量十分有限。

然而，在日本经济高度成长期，汽车的产量和类型都在迅速增加，因此有必要缩短更换模具操作所需的时间。当时，更换模具时的必备环节——精确到一张纸厚度的微调需要由个别老练员工反复进行细微调整才能完成。通过将这些依赖手感与技巧的调整工作进行量化，到1970年前后，更换模具操作大约需要半天，到20世纪70年代初进一步缩短为

300秒。后来，丰田对这一手动反复操作等简单的作业实行了机械化，最终将这一时间缩短为80秒。

在这一案例中，如果在更换模具需耗时3天的阶段就进行机械化，那么所需的生产线数量就将多到无法想象。另外，如果在进行复杂作业的阶段进行机械化，那么机器的运作也将变得复杂，结果会造成生产线的维修保养异常困难。

这些问题不仅会出现在生产线中，也会发生在办公室的IT化过程中。因此，先通过最大限度的作业改进，在此基础上再实行机械化，才能将设备投资控制在最小范围内。

希望读者不要误以为本书对机械化持否定态度。这里强调的是先后顺序，即在最大限度地完成作业改进之后再实行机械化。这也是本公司在与大批企业交流后发现的、在不少企业都存在的问题。

如上所述，在改进活动中，作业改进应该是首先要解决的问题，课题的内容根据行业及职业的不同会有很大的差异。

下图列举了本公司过去开展的课题案例，只要是按照规定的流程开展业务的岗位，比如银行的窗口业务或者办公室的事务性工作等，作业改进都能够发挥巨大的威力。

制造业以外、现场以外的活动课题

行业类型 / 需求	课题	活动内容
金融（银行） 为了达成公司中期计划而实施业务流程重组	·减少窗口业务的加班 ·缩短贷款的准备时间、顾客的等待时间 ·全体员工的意识改革	·彻底消除浪费、寻找失误的源头并制定对策 ·针对来访人数重新构建业务与人员体制 ·构建 5S 活动横展的体制
保险（事务中心） 有效应对工作量增加与人员减少，实现业务处理效率化	·提高工作能力 ·减少工作失误	·实现业务跟进·时间设定、进展情况标准的可视化、根据业务量配备适当人员 ·通过小集团活动，实施措施防止失误再次发生
医疗（医院） 提高医院创收核心的检查业务的收益	·增加应对患者检查的人数 ·减少护士等员工的加班	·2S、完善标准、充实作业要领书、提高检查室的利用率 ·将活动从检查部门扩大到医院整体
零售（超市） 通过减少库存与业务效率化，从而提升竞争力	·减少仓库的库存 ·实现业务的标准化，减少浪费	·在二线开展 5S 活动 ·实现订货业务的效率化、可视化
护理（护理机构） 确保护理人员、提高服务水平	·通过增加核心护理时间来提高服务水平 ·通过改进技能习得来提高员工的成就感	·通过作业改进来消除浪费、降低相关业务（用餐·入浴准备）投入 ·在全员利用的设施里开展 5S 活动（仓库、浴室等）
制造（购买、设计） 提高订单设计生产中的竞争力	·缩短间接业务的备货时间 ·实现业务的效率化、减少失误	·业务的可视化、标准化 ·改进业务流程 ·防止问题反弹

接下来从以上课题中选出医院的改进案例进行说明。

案例④

通过以作业改进为中心的改进活动，
检查次数增加了50%，加班时间减少了30%

在接受本公司的改进指导之际，D医院发展势头稳定，在特定领域加大投入并扩展业务，来院检查的患者数量也不断增长。但是，检查预约花费的时间较长，最长甚至要等待3个月。由于实际花费的检查时间总是超过15分钟的预定时间，因此经常面临着患者投诉以及医生、护士加班时间过长等重大问题。

掌握了医院的现状后，培训专员实施了三个对策。

对策一：在检查室和候诊室彻底地推行5S活动（整理／整顿／清扫／清洁／约束）。培训专员发现，D医院的检查室和候诊室中的物品都是随机摆放的，因此在检查过程中寻找物品会花费很多时间，并且从现场视频中可以明显看到，这也有碍及时引导患者就医和实施检查。对此，培训专员采取了如"处理掉堆放在房间里用不上的东西""为便于实施检查，对房间做出最合理的布局调整"等对策。

对策二：标准化作业内容。在护士的工作中，虽然工作内容是相同的，但是操作的护士不同，操作的顺序和现场的动作会有所不同，因此会出现许多不必要的操作。对此，实际操作的护士们相互交流意见并提出建议，然后从中选择最佳的操作方式，并制作了明确记录各种要领技巧的操作手册。在进行必要操作的同时，当事人通过自己制订操作手册，大大提高了遵守该手册的责任感。

对策三：导入对讲机。对讲机是一种戴在耳朵上的通信工具，用于与同一建筑物内的其他人进行交流。如今，我们经常可以看到服装和餐饮连锁店的员工佩戴对讲机。以前，在患者检查前后，护士要频繁地去呼喊医生，从而延长了检查时间。对讲机的导入极大地减少了呼喊的次数，并且大大减少了护士离开病人的情况，从而提高了服务质量。

如上所述，该医院先从改变当前的工作环境着手，调整工作内容，在检查室推行 5S 活动，实施操作内容的标准化，再配合使用对讲机，以及灵活运用其他制度进一步推进改进活动。

结果，该医院取得了极大成效。患者来医院检查的可接待量增加了 50%（医生的数量几乎没有变化），另一方面，医生和护士的加班时间也减少了 30%。

改进活动的首要任务是改进、完善当前作业本身。只要能以一定的模式进行作业改进，也可以将其应用到其他任何类型的工作中，并且能够取得巨大的改进效果。如果在此之后再实行机械化，就能够取得更大的成效。

2.通过解决问题提高企业的竞争优势

许多企业眼下都有一些明显的问题。这些问题当中的大多数，在没有引发任何不良后果的情况下，是很难被发觉的。直到出现一些明显的迹象，比如销售额或利润的下滑，以及明显落后于业界标准的时候，才会被意识到。

如上所述，通过以作业改进为起点的改进活动，明显的问题得到了解决。然后，企业改进的目标应当是潜在问题的发掘以及为其制定对策。关于这一点将在下一节详细讨论。

让我们把话题回到最初。如上所述，问题的程度各不相同，那么通过问题的解决，公司能够获得什么好处呢？

通过解决问题适应环境变化

企业周围的环境在不断变化。在外部环境中，如果国际形势发生变化，则需要选择其他国家作为贸易对象；如果法律发生变化，则需要调整当前的商品或服务的内容；如果要推出超级廉价的商品，那么该商品必须要有物超所值的价格或者相当的附加价值。

关于内部环境的变化，比如，为了应对招聘新人有困难的情况，必须要建立一种可以由现有人员应对异常情况的体制。如果大龄员工人数日益增多，还需要建立并完善一套培育熟练工的教育培训机制。也就是说，企业需要时刻对变化做出反应，而反应本身就是在解决问题。

让解决问题的能力成为其他公司难以模仿的优势

利用"VRIO①模型"可以分析判断公司的优越性所在：企业的经营资源是否有价值，即价值性；是否拥有其他公司所不具备的优良品质，即稀缺性；是否具有其他公司难以模仿的优势，即不易复制性；是否构建了能够有效利用经营资源的企业结构，即组织性。

一般认为，一家能够应对各种问题的企业，在价值性、稀缺性、组织性方面自不必说，再加上具有其他企业无法轻易复制的优势，其竞争力会更加强大。

在这样的组织体系中，一线会成为最强的"经营利器"。由于这部分内容理解起来比较困难，希望读者一边阅读以下案例，一边发挥自己的想象。

---

① VRIO，即价值（value）、稀缺性（rarity）、难以模仿（initability）、组织（organization）的首字母组合。

案例⑤
让员工的成长成为应对环境巨变的原动力

E企业是一家老牌精密设备制造商，在活动开始时，就暴露出员工"不主动思考"，习惯于等待上级指令的体制弊病。领导企业多年的董事长兼社长的要求很严苛，从每周的全体大会到少数人参加的小会，经常能听到他的斥责声。

此外，虽然有咨询公司为其提供了长达十多年的指导，但也仅仅指出了问题的存在。员工不需要自己思考，只要按照上级的指示做好相应工作就能得到好的评价，更不要说放眼外部环境，并由此产生忧患意识了。

项目活动就是在这样的环境下开始的。一些项目成员的活动甚至遭到来自一线员工的强烈反对。这种现象表明一线员工并不认为有必要改变现状。

尽管采取了各种措施，但活动并未能按计划进行。于是，培训专员对社长说："社长，即使活动继续下去也没有意义。很抱歉让您为此买单。但是活动最好能停下来。"对自己公司开展改进活动充满信心的社长听了这番话后大为震惊。之后，社长开始考虑放弃以前那种以管理层为起点的自上而下的互动方式，转而采用以一线员工为起点的自下而上的互动方式。

大约在同一时期，由于产业结构的变化，供货方的产量锐减，E公司的业绩也陷入了赤字，业务恢复遥遥无期。在这种情况下，之前一直安于现状的员工终于有了危机感，公司也出现了这样的氛围："长此以往，公司将难以维系。必须要做出一些改变。"在这种背景下，管理层和一线员工才终于真正开始进行改进活动。

然而，由于一线员工不习惯自己思考，因此无法立即开展改进活动。在走访一线的过程中，培训专员积极创造让员工自己思考的机会，向每位操作人员都提出了一个问题："延续目前的方式，10年之后，公司还会继续存在吗？"

此后，E公司针对整个企业（包括事务部门和后台部门），以积极性较高的年轻员工为中心开展了改进活动。以前只负责一线实际操作的员工，开始积极地解决生产过程中出现的问题，生产一线逐步得到改进。

在出现赤字一年半之后，该公司开始聚焦于终端产品生产的精密零件，这是前所未有的事情。而推动这一变化的正是在之前的改进活动中成长起来的员工。

通过这些努力，该公司的业绩逐渐恢复，一线员工进行的改进活动得到认可，订单量也大幅度增加。此外，该公司的一系列改变也吸引了附近的制造商相继前来参观生产一线，媒体也进行了相关报道，企业实现了重大飞跃。一线岗位以及该岗位的员工成了其他公司难以模仿的最强有力的"经营利器"。

如上所述，以出现赤字为契机，让员工感受到危机的来临，从而引发了改进活动的浪潮。在外部环境变化的刺激下，公司组织结构大幅调整成为可能，最终成为该公司实现飞跃的原动力。

改进活动不仅有助于解决企业的眼前问题。通过活动成长起来的一线员工也会为企业解决当前尚不明确而未来有可能显现的问题做出巨大贡献。

3.能立足长远应对问题

上一节的案例说明，通过在改进活动中不断解决眼前问题让人才实现成长，使得企业能够顺利克服在这之后发生的其他问题。

还有另外一种情况，在努力解决某一产品交货期严重延误问题的过程中产生的智慧，也可以用来解决其他车间、其他产品的交货问题。

仅做到这一点显然是不够的。在下一节，我们将讨论针对潜在问题实施的改进活动，在这些问题暴露之前就将其解决。

仅仅解决眼前的问题是远远不够的

不管是现在还是将来，在问题变得明显之后才采取应对措施是远远不够的。问题的显现意味着已经出现负面影响，对企业也造成了一定的损害。

当然，问题显现之后，必须迅速采取解决措施，问题类型不同，需要花费的时间也长短不一。甚至会出现跑不赢时间的情况，导致问题无法解决。

为了使广大读者理解这一点，我们来简要介绍一下制造业一线岗位的质量管理理念。

在制造业的一线，通常用三种方法来防止出现不良品，分别是"不接收""不制造"和"不流出"。

①不接收

这意味着不允许零件和原材料等不良品从外部进入生产过程。还有一种措施是提前检查零件，针对不良品部件，协同制造车间或相关厂商一起采取对策，进行改进活动，从而消除不良品。

②不制造

不制造指的是不在自己负责的工序中制造不良品。严格执行规定的工序及标准，否则停产。比如，即便上一道工序已经完成，一旦在其中发现不良品，便叫停后一道工序。

③不流出

该方法应对的是不良品已经存在或可能存在的情况，为的是确保不良品不会流入其他工序。这时可以采取质量检查之类的对策。这种对策不是针对导致不良品出现的事件本身所采取的对策，因而无法从源头上解决问题。

重新整理一下采取这些对策的过程就会发现，第一道防线"不接受"是从外部隔绝问题产生的根源，第二道防线"不制造"是从内部消除不良品，而一旦出现了不良品就会启动第三道防线"不流出"来防止问题的扩大。也就是说，不良品的检验有三次机会。

在解决问题时，可以说"不流出"是对实际上已经发生或已经显现的问题的应对，而"不接受"或"不制造"则是预防问题的发生或者说是对潜在问题的应对。

在许多企业，特别是在服务业，许多情况下只关注"不流出"对策。一个典型的例子是，在不允许出现错误的金融业，双重检查和三次检查已成为业界常态。换句话说，这是一种十分危险的状态，因为它只有三次解决问题的机会，而且很可能已经失去了两次，并且还没有从源头上、根本上找到解决问题的对策。

有必要采取措施解决潜在问题

对发生在一线的问题当然有必要解决。但这只是整体情况的一小部分。如果把目光放到更大的范围或者更长的时间轴上，就会发现有些问题虽然在当前并未显现，但也需要立刻采取措施加以解决。

让我们以企业的重要资源"人力、物力、财力"为例，来具体思考这个问题。

首先就人力来说，可以列举劳动力市场的供求状况。目前一线岗位的员工已足够，感觉不到有任何问题。但是，由于劳动力市场中的有效求人倍率①正在增加，特别是随着农村地区年轻人口的持续流失，在不久的将来，招聘新人必将变得十分困难。如果能够认识到这一趋势，就必须在当前采取相应的对策，比如，"选择用更少的人力应对生产的新工序"和"简化生产工序，让毫无经验的老年人也能够顺利操作"，等等。

其次是物力，以从海外采购原材料为例。假设原材料可以直接从国内供应商那里购得，但是其原产地却在海外，综观当前的国际形势，这种采购方式存在供货难以保障的风险。再考虑到相关国内法案的审议情况，一旦其中含有危险

---

① 求人倍率是劳动力市场需求人数与求职人数之比，它表明了劳动力市场中每个岗位需求所对应的求职人数。

物质，就很有可能无法使用。在前一种情况下，就有必要从其他产地采购产品并测试其是否可以成为替代品；在后一种情况下，就有必要采取措施寻找其他可替代的相似材料。

最后是财力。即使在同一家公司内部，如果预计会发生环境变化，比如需要对新业务进行大量投资，就有可能无法在自己的部门制订常规的投资计划。必须考虑今年或明年该如何渡过没有新投资的难关。

这样一来，在解决潜在问题时，就有必要考虑更大的范围和更长的时间轴。通过改进活动，如果可以解决眼前问题，还能解决潜在问题，那么其现场力将会得到极大的提升。

案例⑥
培养能够预见公司未来并提前采取行动的一线员工

F公司是一家大型精密设备制造商，它在日本总部进行了两年的改进活动后，开始在泰国的工厂实施改进活动。当时，泰国工厂约有1.5万名员工，产量也在不断提高。

在为期两年的活动前期，每道工序都实施了改进。通过减少作业中的不必要操作，"只需活动开始时员工总数的2/3（大约1万人）就可以生产出与活动开始时相同的产量"。"由于生产批次减少等原因，库存周转天数从0.9个月减少到0.3个月，资金流不畅得到了改善。"整个工厂都取得了很大的成果。

主导改进活动的正是泰国的项目成员。由于在开始之前，他们实际参与了在日本总部的改进活动，有了半年参与改进活动的经验储备，因此能够在积极性和技巧两方面都保持最佳的状态下投身改进活动。

改进活动确实取得了显著的成绩，但是管理层遇到了一个新问题。尽管项目成员在其负责的工序环节提高了自己的改进技能，但是他们无法顾及整个工厂，于是出现了局部优化的倾向。此外，各工序之间在改进级别和人事级别上的差距也在扩大。

在这样的背景下，管理层从更加长远的考虑出发，认清中长期的课题，正式启动了在各自负责的工序环节之外的环节开展改进活动的人才培养项目。

培训活动分两次进行。通过第一次培训，员工能够掌握可以对自身岗位之外的地方进行改进指导的技能；通过第二次培训，员工能够分析外部环境，明确自己公司需要解决的问题。这里具体阐述后者。

参与本次培训的是28位泰国籍管理人员。虽然他们当中有一些人毕业于被称为"泰国东大"的朱拉隆功大学，但是参加这种培训都是第一次。

最先着手的是对自己公司外部环境的分析，从每位成员制定自己的课题开始。他们除了自己开展调查之外，还从日本总部收集各种数据，从市场行情到贸易协议、环境问题以及劳动力市场等广泛的角度进行分析。在此基础上，明确了自身所在岗位应解决的有关生产、质量、成本、安全性等方面的问题。

通过这次培训，不仅明确了基层一线有待解决的潜在问题，还培养了许多能够广泛而长远地思考问题的当地员工。此外，自活动开展以来，大学学历员工的留职率也有所提高。由于他们的改进技巧和经营意识受到高度评价，因此即使其他公司给出了更高的薪水，真正跳槽的员工也在减少。这可以说是改进活动的间接成效吧。

接下来，谈谈他们是如何大展身手的吧。改进活动结束后泰国爆发了特大洪水。他们的工厂被淹了，处于停产状态。

在这种情况下，经历了改进活动的员工从被淹没的工厂中抢救了尽可能多的机器，并四处奔走，向20多家之前没有业务关系的公司提出了按订单生产的请求。此外，为了确保这些公司生产的产品质量与自己公司的相同，他们从制定工序开始，到生产活动稳定为止，为其提供了全程的指导。这一系列活动使得产品供应不足的损失降到最低，并减少了对整个公司的负面影响。

通过这种方式，项目成员获得了迅速且恰当地应对突发事件的能力。

F 公司活动示意图

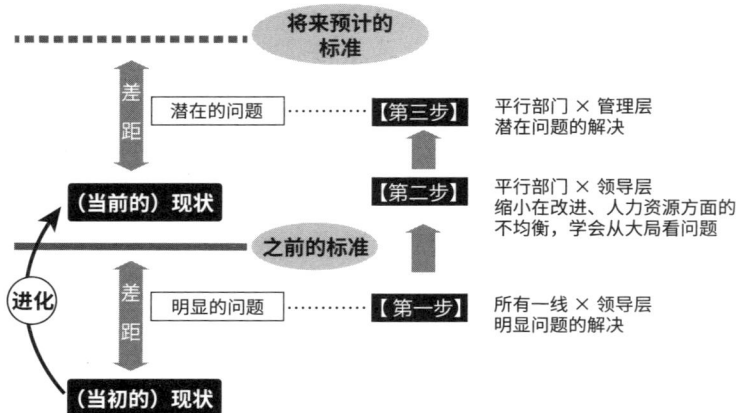

将来预计的标准

差距

潜在的问题 ········· 【第三步】 平行部门 × 管理层
潜在问题的解决

（当前的）现状

之前的标准

【第二步】 平行部门 × 领导层
缩小在改进、人力资源方面的
不均衡，学会从大局看问题

进化

差距

明显的问题 ········· 【第一步】 所有一线 × 领导层
明显问题的解决

（当初的）现状

在一线开展改进活动，首先要解决每个岗位当前已经出现的明显问题。但是，解决这些问题并不意味着改进活动的结束。通过在更大范围和更长的时间层面提出问题，我们可以打造一个长时间保持强大组织力的企业。

4.最大限度地利用宝贵的人力资源

本书以基层的改进活动为起点，通过扩大活动范围和拉长时间两方面分别进行了阐述。对于最后一点，也就是改进活动的有效性也需要从更广阔的视角进行思考。

小国日本 GDP 排名世界第二的理由

众所周知，日本在国土面积、资源和人口方面都无法与中国、美国、印度等大国相比。日本之所以能够成功地创造出排名世界前三的 GDP（国内生产总值），是因为有各种因素可以弥补上述短板。这些因素包括勤劳的国民以及在江户时代（1603—1868 年）盛行的寺子屋①的基础上充实和普及的初等教育。在此重点分析第二次世界大战后的特殊因素。

第一点是国际形势。第二次世界大战后，以美国为中心的资本主义阵营和以苏联为中心的共产主义阵营展开了激烈的"冷战"较量。由于地理位置等原因，日本成了美国对抗共产主义阵营的桥头堡，于是在引进军事预算、会计制度等各个方面因受到优待而发展起来。当时，亚洲各国正处于艰难的复兴过程中，因此在制造业方面的亚洲第一大生产国的地位被日本独占。

第二点是人口结构。战争结束时，日本男女的平均寿命为 50 多岁，总和生育率为 4 人左右。在人口结构方面，老年人口数量少，呈现年龄越低人口越多的正三角形分布结构。

---

① 江户时代招收庶民子弟读书写字、珠算等的地方。类似中国的私塾。

此后，虽然出生率下降了，但是从事生产活动的15—64岁的人口（劳动年龄人口）却一直在增加。于是形成了总人口"中间大、两头小"的结构，使得劳动力供给充足，而且社会负担相对较轻。这就是所谓的人口红利。

在此期间，通过劳动为国家创造财富的同时积极消费的劳动年龄人口多，并且更年轻的一代人口数量也多，所以国家的GDP能保持持续增长态势。GDP的增长与劳动年龄人口的增长几乎处于同一时期。现在的东南亚国家就正处于这种情况之中。

日本当前面临的问题

然而，这种情况到1990年前后突然发生了变化。

首先，在国际形势方面，由于冷战的终结，一直与苏联对抗的美国没有理由继续扶持日本，因此取消了各种对日优惠条件，日本必须与其他国家在同一水平线上进行竞争。其次，在亚洲各国不断发展的同时，由于高度成长带来薪资上涨的日本却失去了作为生产基地的优势。在所谓的"迷失的十年"期间，这种现象表现得尤为显著。

最近，在人口构成方面的问题越来越严峻。在很大程度上左右未来人口数量的出生率从第二次世界大战结束后几乎一直在下降，"少子化"也在不断加剧。1995年以后，作为劳动和消费核心的劳动年龄人口也开始减少。截至 2016 年，劳动年龄人口比高峰时减少了 1000 多万人。

在劳动年龄人口数减少的同时，老龄化开始出现，老年人口数继续增加。从 2014 年开始，总人口数也开始逐渐递减。也就是说，总人口数以及作为主要劳动力的劳动年龄人口数都呈现出不断减少的趋势。这就是所谓的人口结构对社会不利的人口负债期。

自泡沫经济破裂以来，日本经济长期处于低迷状态。近年来随着经济复苏，有效求人倍率几乎与泡沫经济时期持平，劳动力短缺已然成为一大社会问题。

这样一来，日本就需要与其他国家在同一水平线上进行竞争。进入人口负债期以来，要像过去一样确保高质量的劳动力供应已经变得越来越困难。无论是国家还是企业，都要更灵活高效地利用人力。在这方面，改进活动无疑是一种有效的手段。

案例⑦
通过完善培训制度来降低离职率

G 公司是日本一家大型精密设备制造商的中国分公司，与其他公司一样，正面临着薪资成本上涨以及难以雇用新人的困扰。此外，由于居高不下的离职率而不得不将大量新员工投入生产线，结果造成新员工所在的生产线的生产率和质量显著下降，因此，提高新员工的工作熟练度便成了公司面临的重大课题。

针对这些问题，该公司在一年半的时间内，分三步实施了对策。

第一步：完善新员工培训制度。在此之前，新人培训大都以言传身教为主，培训的顺序和内容因人而异。甚至新人在操作技能尚不熟练的情况下就被分配到了一线。

在将培训内容进行可视化处理的同时，该公司还制作了一份资料，该资料不仅记载了操作工序的先后顺序，还重点对容易导致操作失误和不良品出现的地方逐条进行了记录。此外，还将传统的讲座授课的培训方式，改为讲座授课与实习交替的培训方式，使新员工学到的内容在新鲜感尚未消退之前就得以应用于实践之中。

第二步：提高新人的工作熟练度。也就是将员工在第一步中接受的培训内容应用到实际生产一线当中。对特别容易出现失误的操作，员工在被分配到相关工序之前就已经在技能培训中心接受了相关培训。结果，新员工从分配至一线到独立操作所需的时间由10天大幅度缩短至4天。

第三步：采取措施降低离职率。一线员工的离职大多集中在进入公司之后的两周以内。大多是因为承受不了在技能不熟练的情况下独自作业所带来的巨大精神压力。该公司还针对离职原因做了问卷调查，结果发现，许多受访者都认为比起工作有难度，更重要的问题是自己被分配到一线之后便无人问津了。

于是，该公司完善了员工被分配到一线岗位后的跟进体制，具体办法是建立"工作岗位前辈制度"。由于之前该公司没有前辈应当照顾新人的传统，因此该公司向老员工详细说明：要将自己定位为倾听者而非倾诉者，要及早发现导致新员工离职的危险信号，要与新员工分享心得体会、说明自己的具体职责。此外，让生产线上的老员工佩戴臂章使周围的人知道他们正在执行特殊任务。因为他们传授知识会有助于他们未来的升职和加薪，所以老员工也能够以高度的热情投入到工作当中去。关于"工作岗位前辈制度"的导入步骤，请参考"工作岗位前辈制度图"。

通过上述努力，入职4个月后的员工留职率从实施前的55%提高到了67%，在严峻的用人环境中实现了对现有员工的有效利用。

通过改进活动完善标准，并充实培训制度，将有助于有效地利用和留住现有员工。

工作岗位前辈制度

【工作岗位前辈制度导入的步骤】

1. 岗位前辈的概要

·从领导开始任命
·1 名新人配备 1 名岗位前辈
·任期为 6 个月

2. 导入过程

向所有经理说明→向岗位前辈本人说明

3. 岗位前辈的职责

·详细参照"岗位前辈手册"
·岗位前辈佩戴臂章
·新人入职一周后填写"岗位前辈行动检查表"反馈之后的行动

【岗位前辈行动检查表】

回顾大家作为岗位前辈的行动的同时，确保新人融入岗位。

※ 实施时期: 新人入职一周后

◆关于自己的行动

（　）向新人介绍过同岗位的成员吗？

（　）带新人参观过工作岗位吗？

（　）晚班、加班时注意过新人的状态吗？

（　）午餐尽量和新人一起吃吗？

（　）每天都打招呼吗？

（　）跟上司谈论过新人吗？

◆关于新人的行动

【关于生活态度、健康】

（　）打招呼时精力充沛吗？

（　）对颜色有违和感吗？

【关于岗位上的人际关系】

（　）记住岗位同事的名字了吗？

（　）有没有觉得棘手的问题？

（　）一个人的时候多吗？

【关于工作】

（　）不明白的时候，向你或上司请教吗？

（　）同样的事情有没有多次提醒过？

（　）有没有遵守岗位规则，安全作业？

第 二 章

准备：确保促使一线改变的动力

本章要点

在开始实施改进活动时，高层的作用不只是拍板决定实施改进活动，也不只是任命活动的核心负责人（项目成员）。高层的任务是多样的，比如，从活动的动员到确定活动的方向性等。通过高层发挥作用来任命项目成员（包括一定的人数），营造一个有利的环境（包括投入资源），可以让被任命为项目成员的员工能够积极、顺利地开展活动，从而确保改进活动的推动力。

高层下定决心，公布方针

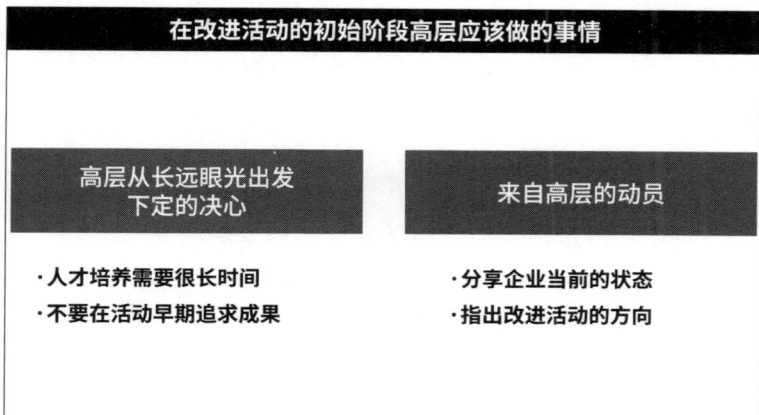

在改进活动的初始阶段高层应该做的事情	
高层从长远眼光出发下定的决心	**来自高层的动员**
·人才培养需要很长时间 ·不要在活动早期追求成果	·分享企业当前的状态 ·指出改进活动的方向

第一章介绍了改进活动（提升现场力的关键手段之一）的先决条件和有效性。本章将说明在改进活动的启动阶段，在活动体制方面需要提前做好哪些重要的准备。

活动的成败在很大程度上取决于准备工作是否充分。作为起点，本节将重点介绍高层自身应该做的工作。

1. 高层从长远眼光出发下定决心

由于现场力难以量化，因此相关人员很难达成共识，即便改进活动已经开展也无法立即取得成果。对此，之前已经强调过，高层的长远眼光是必不可少的。

那么，究竟什么是现场力的关键呢？想必各位读者已经有所领悟，本书在此特意进行文字叙述。

现场力的关键是人才。作为企业竞争优势的要素之一，人才或者作为人才共同体的企业境况具备其他公司无法模仿的性质，这一点尤为重要。然而，其他公司无法模仿的事实也意味着在企业内部培养这样的人才具有一定的难度。当高层决定启动改进活动时，必须要跨越两个障碍。

人才培养需要很长时间

许多高层都说过这样的话："我知道人才很重要，但是我们公司不会去培养人才。"

然而，即使开始专注于培养人才，人才也不会立刻成长起来。据说，在丰田需要花费 30 年的时间培养实际领导制造业一线的科长级别的人才。即，一个人从 20 岁左右进公司到 50 岁左右晋升为科长，需要 30 年的时间。在这 30 年中，丰田对选定的目标人群施以各种培训，给他们提供发挥才能的空间并进行评估淘汰，从而逐步缩小人选范围。

如果上司不能为下属提供发挥能力的空间，那么他的下属就无法展示自己的才能，也就无法获得正确的评价。而在此期间，其他成员不断获得发挥才能的机会，实力不断增强。当上司意识到"糟了"的时候，差距已经扩大到无法追赶的地步了。这种情况不仅会出现在同一企业内部，还会出现在与其他公司进行比较的时候。

你为下属提供过一个能够让其充分发挥自身才能的平台吗？给下属或成员提供一个让其充分发挥自身才能的平台是高层分内的工作之一。

从考核制度的角度来看，在相对评价的情况下，能够获得最高评价的人数往往是有限的。丰田员工的升职是其在达到一定工作年限的时候，由综合过去几年间的评价所决定的。高层自身需要制订长期计划对人才进行培养和考核。如果考察不彻底，且获得最佳评估的人选经常改变的话，最终就会导致该部门的晋升人数减少。

关于实际的人事考核，可以通过勾勒出 5 年后的包括培养计划在内的大概蓝图，以便增加职场内的人才储备数量。

一位培训专员这样说过："丰田在直接业务中经历了各种各样的失败，包括细节在内。这些失败可以作为今后发展的基础。的确，失败是成功之母。但是，最不该犯的错误是人才培养上的失败，即便过后发觉了这一错误也已无法挽回，因为下属的人生已经被改变了。"

在丰田，培养人才的时间是30年。对其他企业来说，这段时间的长短取决于企业的经营状态和业务内容。不变的一点是，培养人才需要很长的时间，而且不允许失败。高层必须为这段漫长的时间与自身的行动做好充分的准备。

在改进活动初期不能做的事情

在培养人才的过程中，高层有许多应该做的事情，例如，动员项目成员并为活动开展创造良好的环境。

另一方面，明确不能做的事情也很重要，其中急功近利最要不得。虽然根据成果大小不同所需时间也不相同，但一般来说大约需要3个月的时间才能取得肉眼可见的具体成果。

最初的3个月是在项目内部把握现状以及确定活动的方向性，或者学习基础知识所需要的时间。如果高层急于求成，希望尽早取得成果，那么项目成员就会被迫全力以赴对此做出回应，并会在缺乏整体设计的情况下着手开展活动。

这样的活动会产生许多弊端，例如，各岗位各行其是地开展活动，在不了解活动目的的情况下盲目开展活动等。针对以下案例，请高层体会下自己应有的觉悟。

案例⑧
最初的半年不追求任何数据成果

销售额约为80亿日元的H公司的产品在市场上的占有率为95%，占据绝对优势，其固定收益也维持在10%，经营状况非常稳定。

然而，高层却抱有强烈的危机感。原因在于，良好的经营环境导致员工的危机感与积极性低下。尽管目前在经营上无须担心，但若出现了激烈的市场竞争，就有可能出现大幅度的落后。针对这一情况，H公司过去就进行了各种努力，但都以失败告终。公司迫切需要培养接班的人才梯队。

随着活动的启动，高层做的第一件事就是动员有望成为项目带头人的员工。经过大约两年的时间，让这些员工参加TPS的培训并到其他公司进行走访，使他们逐渐认识到改变自己公司的必要性。

在经过充分准备之后开始的项目活动中，高层不追求任何数值结果，只提出了以下要求："在项目活动中，我不希望任何人掉队。希望每个人都对工作充满热情，且具有自主开展工作的能力。"

这背后起到支撑作用的正是"公司的利润是由对工作充满激情的员工所创造的"这一理念。另一方面，在活动开始时的岗位调查中发现，有人不满意当前的工作，希望有所改变。其根源是，员工每天只是重复规定的操作，在减少顾客投诉以及提升生产率方面并未采取有效的对策，一线员工的懈怠感不断蔓延。这同时也表明，即便在当前的岗位上，员工也仍然是心怀目标以及想要取得相应的资格的。

根据高层的要求和一线员工的现状，项目成员提出的口号是，"开朗、有趣、活力充沛"。然后，以工作环境和操作方法等身边的问题为中心，在与全体成员进行彻底讨论的同时，推动改进活动的实施。

通过改进活动提高了工作热情的一线员工和项目成员，在活动开始半年后，主动制定了数值目标，并不断推动改进活动进一步实施。改进活动的试点岗位取得了显著的成果，从活动开始的3年内，加班时间减少了70%，生产线占地面积缩小了40%，到最终工序为止的备货期缩短至原来的1/3。此外，活动已经扩展到包括后台部门的整个公司，并形成了能够在公司内部不断培养培训专员的体制。

如果考虑投资效率，高层通常都希望尽早取得成果。然而，从长远角度来看，不追求早期的改进成效反而能够让投资的效果实现最大化。

2.共享现状并表明活动的方向性

在前文中，我们提到了高层需要用长远的眼光来看待改进活动。接下来针对在活动初始阶段高层应当对项目成员和一线员工采取的措施，具体从共享企业现状和表明活动方向性方面逐一进行介绍。

为什么要反复告知活动的现状与方向性

最了解一线详细状况的当数实际负责作业的一线操作人员。

然而，他们的主要作用是按照规定的工序开展生产活动或销售活动，几乎没有机会了解包括他们自身所在的一线岗位在内的整个企业所处的环境。

而经常俯瞰整个公司的高层接触这类信息的机会比较多，为了让一线员工认清形势，高层有必要特意地通报这些信息。

另外，在第一章已经提到，根据改进活动目标的不同，活动内容也会发生变化。如果一线员工不正确理解活动的方向性，那么为一线岗位制订的改进计划也容易出现南辕北辙的错误。

案例⑨
目标不在于生产率的提高而在于品质的提升

I公司是一家具有100多年历史的老牌食品公司。其商品具有广泛的知名度，并且一直保持着稳定的销量。

然而，高层却在保持品质和新鲜度方面抱有危机感。在整个经济高度成长期和泡沫经济期，为了满足旺盛的需求，该公司不断加大产能，结果造成了重产量而轻质量的问题。每天处理大量的不良品也成了常态。即使产品质量在合格范围之内，但其大小、口味也会存在细微的差别。

此外，为了应对季节性变化造成的需求大幅度波动问题，在旺季，公司不得不采取24小时工作制来增加产量，虽然能将产品质量控制在规定范围之内，但是顾客购买的产品在品质、新鲜度两方面都没有达到该公司认为的最佳标准。

"如果这样下去的话，总有一天会失去顾客！"怀着这种危机感的公司高层向公司内部提出了要求："从数量向质量转变！"公司要求，不仅产品的质量要达标，还要通过改进活动的实施使产品品质达到最佳。

在动员项目带头人之后，高层启动了项目活动。这些活动所要实现的最终目标是"当天生产，当天发货"，以实现产品达到最佳的品质。

为了消除项目成员的犹豫，高层多次强调了活动的方向性，"为顾客提供最新鲜的产品，能最大限度地满足他们的需求"。基于这样的认识，确定了以下改进方案，那就是，通过提升生产过程中参差不齐的产品品质来增加良品率，防止造成巨大浪费，以此来维持生产率。随后该方案也经企业内部报刊等形式传递给项目成员以外的众多内部相关人员。

结果，改进活动启动后短短半年内，生产率就提升了14%。包括需求高峰期在内的最大库存周转天数也从13天缩短为9天，从而大幅提高了产品的新鲜度。如今，该公司正朝着"当天生产，当天发货"的最终目标稳步前进。

这里解决的提升生产率问题，只不过是让产品品质达到最佳的手段。说到改进活动的目标，员工的注意力往往容易集中在提升生产率上，而高层明确指出活动的方向性，将有助于项目成员在正确理解目的与手段的基础上开展活动。

在方向性的提出上高层应关注的事情

关于方向性的提出，有三个要点需要注意。

要点一，确认计划是否已经在一线得到落实并稳步实施。高层公布明确的方针固然重要，但是在很多情况下，相应的方针并没有落实到一线员工的行动中。为了避免让梦想成为空想，必须要确认方针是否在一线得到了落实。

要点二，请根据实际情况采取宽容的态度，对活动开始时制订的计划进行调整。通常情况是，在活动开始时不能有效地把握当前情况，当实际进行时，要花费比预期更多的时间。如果按照原计划实施，就难免会出现"反正也完成不了"的懈怠情绪。因此，在对现状有了比较深入和全面的把握之后，必须重新制订一个有坚强意志为保障的计划。

要点三，主动与一线员工打招呼。在前文，我们分别从培养人才过程中高层应该做的事情和不应该做的事情两个角度，阐述了高层采取行动时需要注意的地方。

用同样的标准来看，最典型的不应该做的事情便是高层对项目成员职责的过度干预。高层介入每个改进内容的细节，不仅会损害项目成员的自主性和判断力，还会导致活动进度大大滞后。

最典型的高层"应该做的事情"是提出方针以及跟一线

　　　　　　　　　　　　　　　　丰田现场力

员工打招呼。跨越阶层障碍直接跟基层员工打招呼，具有促进岗位交流的效果。

例如，部门经理可以尝试着与低自己两级的普通员工打招呼。但是，这里的打招呼不是工作上的指示，而是以寒暄以及日常对话为主。为了避免在一线造成混乱，应当根据"科长→班长→普通员工"的企业结构来传达工作指示。

此外，对普通员工来说，与高级别上司的对话也是其了解公司发展课题以及高层关注的重点的一个机会。灵活地运用这种沟通技巧，对计划的推进也会起到积极的作用。

如上所述，从提示方向性这种大事到与一线员工对话这种小事，高层都需要采取广泛的行动。

项目成员的确保与动员

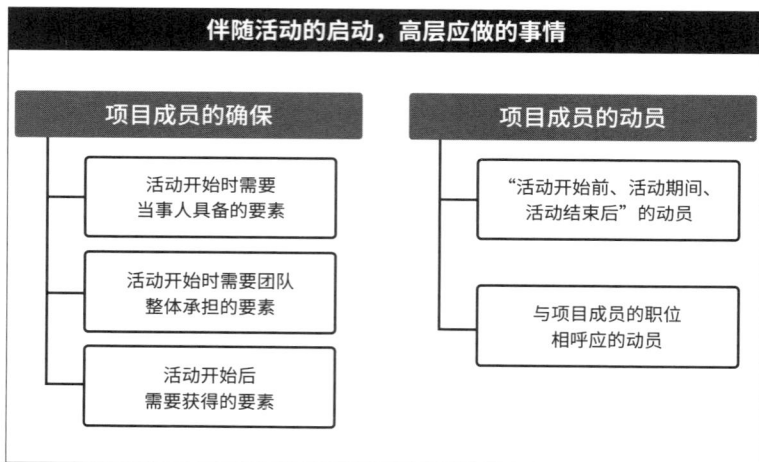

伴随活动的启动，高层应做的事情	
项目成员的确保	**项目成员的动员**
活动开始时需要 当事人具备的要素	"活动开始前、活动期间、 活动结束后"的动员
活动开始时需要团队 整体承担的要素	与项目成员的职位 相呼应的动员
活动开始后 需要获得的要素	

　　从这里开始，我们将重点关注作为项目体制的核心——
实际开展改进活动的项目成员。

　　"人数 × 投入精力＝改变现场的力量"，项目成员的确保对应的是公式中的"人数",而项目成员的动员对应的则是公式中的"投入精力"。

关于项目成员需要具备的要素,由于容易被误认为是关于活动的试点岗位的知识、人际关系网和改进技能,所以需要特别注意。

1. 改进技能并非必要条件

项目主要以项目成员和将项目成员团结在一起的项目带头人构成。这里将选择项目成员需要考虑的要素分别进行阐述。

活动开始时当事人需要具备的要素

我们将这一要素从只需项目带头人具备的要素和项目带头人、项目成员双方都需具备的要素两方面进行阐述。

虽然大前提是需要具备以下要素,但是从号召力的角度来看,最好由科长以上级别的员工来担任项目带头人。

【 项目带头人的必备要素 】

①个人魅力比职衔更重要

在改进活动当中,广泛的人际合作是必不可少的。在通常的企业体制中,在大多数情况下顺利完成分配工作的指令是通过上司与下属之间的上下级关系来传达的。

在改进活动中，除了直接的指令，还有许多合作的请求，其中一些请求甚至没有明确的成果预期或最终目的。

因此，比起公司内部的职位权力来说，使对方产生"如果是这个人来拜托我的话，我会答应"的个人魅力更为重要。这类人可以说是"不在意自身的得失，却热衷于从事对公司及其下属有利的事情的人"。我们选出的培训专员必须具备这样的要素，即在丰田工作时代能够让对方说出"我会答应这个人的请求"之类的话。

具体来说，这些要素就是，静静地守候在下属和后辈们的身旁，等候他们努力工作直到最后；不怕被人憎恨，遇到不对的事情就会严厉斥责；支持下属挑战新高度，失败了就承担起全部责任，等等。

②能够指出正确的前进方向

改进活动的开展一方面要以现状为基础，同时又必须努力超越这一现状。因此，个人需要具备强大的信念以防拘泥于现状而无法脱身。

此外，对迄今为止几乎一成不变的岗位采取彻底的改进措施，要呈现出变革成功后的美好景象尤其困难。此时，一颗立足长远、思考未来、不甘现状的心最为重要。能够将未来的蓝图以简明的形式呈现出来，也成为得到众人认同的重要技巧。

如果企业比较传统，那么具备这一要素的人有时会表现为"棘手的人"。本公司的一家客户企业的一名项目成员在活动开始时是一位30岁左右的骨干员工，他曾经对着50多岁的厂长拍着桌子激动地畅谈自己的愿景。通过改进活动，这位员工崭露头角，他一手承担了海外工厂的改进活动，将其提升到了超过日本工厂的水平。现在，40多岁的他作为社长的顾问依然活跃在第一线。

如上所述，项目带头人有时需要有实力向上级毫不犹豫地提出企业应该选择的方向。

③能够带动周围的人参与其中

与高层一样，无论项目带头人是多么优秀的人物，一个人所能完成的事情总是有限的。从直接的项目成员到实施改进的试点岗位的相关人员，再到活动扩展后的包括管理层在内的众多相关者，获得众人的支持合作是必不可少的。因此，重要的是项目带头人需要在公司内部拥有广泛的人脉并且可以轻松地与任何人进行交流。

项目带头人由于职位调动或者跳槽入职等原因与相关人员联系不紧密，也有可能使活动难以开展。因此还需要关注项目带头人在公司内部有无良好的人脉。

在具备强大号召力的同时，项目带头人也需要具备能够谦虚地融入周围环境的灵活性。项目带头人的活动范围越广，越需要在自己的专业领域以外开展活动。这时，必须谦虚地听取该领域专家的意见，并接纳对方的建议。因此，越来越多的方案只会集中到愿意倾听意见的项目带头人的手中。

④发现项目成员的优势并为其分配适合的工作

为了使团队发挥最大潜能，必须为每个成员分配最容易取得成果的工作。项目成员的专业领域越呈现多样化，整个团队就越有优势。

此外，从长远发展的角度看，就实现个人成长和团队业绩的最大化而言，也有必要积极地在那些目前尚未表现出优势但是有潜力成为将来优势的领域开展工作。

案例⑩
对棘手的成员，
以画在地面上的图案为契机使其发挥才能

在某培训专员任职丰田时期的下属中，有一位临时工，无论是在工作方面还是交流方面，总是给周围带来负面影响，因此他辗转于多个部门之间。

在一次垒球比赛中，该专员让他作为替补参加。这位专员无意中看到了他在地上画的图案，不禁为之感到惊讶，并在他身上发现了平日从未发现过的才能。

后来，当需要为QC小组提案提供插图时，培训专员就把这一任务交给他。令人意想不到的是，他绘制的优秀作品为团队获胜做出了极大的贡献。以此为契机，他开始收到来自其他团队绘制插图的请求，由此他对待工作变得越来越积极主动了，他的本职工作的业绩也有了很大提高，最终成为正式工并晋升为班长。后来他从生产线转移到QC小组等部门，开始专心制作QC小组等部门的资料。在自己热爱并擅长的领域崭露头角的他，最终辞去了丰田的工作，做起了专职的绘画工作。

他的人生反转是由画在地面上的一幅图开启的。以这幅图为契机，他不仅为团队，而且也为公司做出了巨大的贡献，最终跳出了公司的局限大展宏图。领导者需要具备一双善于观察的眼睛，能够从细微之处发现成员的优点，还需要具备宽广的胸襟，能够为成员提供最佳的发展平台。

【 项目带头人、项目成员双方的必要因素 】

① 先试试看

所谓改进活动，指的是不断超越现状并采取行动以实现美好未来的活动。如果囿于现状，那么"但是"一词的使用频率就会大大增加，接着就会一味列举无法改进的理由，不肯采取行动。

我们需要的是思考如何才能做到以及先试试看的态度。换句话说，即使有些事情无法用传统的方式、方法来完成，也要想想有没有其他可以实现的手段。

取得成果的过程固然困难，但如果不采取行动，现状是不会自己发生任何改变的。只有付诸行动，自己所想象不到的进展才有可能发生。从这个意义上讲，不要光找借口，要先端正态度，相信自己能行，然后采取行动。

②一旦做出决定就要坚持到底

正如之前多次提到的，改进活动需要一定的时间才能取得成果。虽然初步的改进活动很容易出成果，但是改变整个公司体制的大规模措施将会让改进活动在计划阶段就变为一种长期计划，并且在执行阶段会发生许多意想不到的问题，甚至因偏离原定计划而难以完成。

为了在这种情况下也能将决定的事情进行到底，项目成员必须要有一颗坚强不屈的心，以及可以承受高强度工作的强健体魄。虽然这些对项目带头人来说也是必须具备的要素，但是拥有具备这些要素的项目成员会让项目带头人觉得心里更加有底。

③在特定领域具备专业优势

改进活动需要广泛的知识。在初期阶段，可能只需要与试点岗位直接相关的知识就可以应对，但是随着活动范围的扩展，需要的知识会越来越多样化。

如果最初将加工车间作为试点岗位的话，那么需要的只是与加工工序相关的知识。随着活动的深入，活动的范围将不断扩大，不仅需要后续生产工序中的焊接、组装的相关知识，甚至还需要通过一定的人脉来获取与生产计划系统相关的知识以及他人的配合。

不要指望一位项目成员可以掌握所有的知识，而是要确保整个项目里的成员整体上拥有广泛的知识。当活动扩展时，每位项目成员在特定领域具备各自的专业优势将是一个强有力的保障。

根据活动内容，将具备所需技能和人脉关系的员工拉入活动中来也是一种有效的方法。

在活动开始时需要由整个团队确保的要素

这些要素不需要每位项目成员都具备，只要有一名项目成员具备这些要素就可以。但是，在现实情况下，许多团队都无法确保这一要素，以致活动陷入停滞不前的状态。

如果项目团队中的每位成员都不具备与试点岗位相关的

知识、人脉，那么项目往往会陷入"改进方案不切实际"或者"一线员工不配合"之类的僵局。

理想的做法是让试点岗位的负责人成为项目成员，如果这样做很困难，那必须在活动开始之际就让负责人以合作者的身份准确传达活动状态并发表必要意见。另外，必须采取相应措施，使有权对试点岗位的员工下达指示命令的高层积极参与到项目活动之中来。

活动开始后需要获得的要素

这种技能是可以具体分析当前状况并提出改进建议的技能，而且这种技能要能广泛应用在其他工艺流程和操作中。只要有意愿，这种技能可以通过活动来获得。因而重要的不是改进技能本身，而是改进的意愿。

有的人虽然因为具备相关知识而被选为项目成员，但是对改进活动却持消极态度，在某些情况下甚至会拒绝培训专员的指导，进而导致改进活动停滞不前。相比之下，有的人尽管过去没有接受过外部指导，且对改进活动的认知为零，但是只要他能以积极的态度不断吸收新知识，并对改进活动充满热情，同样也能够推动改进活动迅速开展。

最后需要注意的是，不要将"活动开始时需要整个团队确保的因素"以及"活动开始后需要获得的因素"误解为相应改进活动开始时每位项目成员的必备要素。实际上，这些要素只需整个团队确保即可，或者在活动开始之后再学习相关知识也不晚。

2. 高层亲自动员

有很多高层都认为，选出项目成员之后他们就会积极开展具体活动。实际上这是一个极大的错误。

可以理解的是，只要制定了企业的发展方向，企业就会开展改进活动。然而，即使被选为项目成员，每个人对究竟为什么要开展改进活动的理解也会有所不同，甚至大多数员工都不理解为什么自己要首当其冲。

项目成员对改进活动的理解不充分，会让他们难以对忙碌而又前景黯淡的活动充满热情，从而导致活动停滞不前。需要让项目成员意识到，"这项活动对企业来说是一个重要举措，之所以被选为成员，是因为企业希望自己在其中发挥重要的作用"。

下面，我们将从"活动阶段"和"项目成员的职位"两个角度来阐述动员的方法。

每个活动阶段的动员方法

【活动开始前】

这一阶段需要做的事情主要有两点。

第一点是高层要主动通报活动的意义并表达对项目带头人和成员的期望。

从最佳交流效果出发，高层应当尽力做到与成员进行一对一的交流。高层可以以上交给企业的汇报内容为基础，在回答成员疑问的同时加强彼此间的交流。

此外，高层还可以阐述项目带头人及其成员的人选标准，以及通过开展活动希望项目团队在哪些方面能有所贡献和成长。

在许多情况下，改进活动是史无前例的工作，所以高层有必要指出应该前进的方向，并动员周围的人排除万难，参与到活动之中来。如果高层不能做到这些，项目成员往往会产生"自己被卷入了麻烦事当中"或"自己实在是难以胜任"这样的想法。

第二点是听取项目带头人和成员的想法。如果第一点是"推"的话，那么第二点就是"拉"。

尽管没有提出实际问题，但是很少有项目带头人或成员会完全认同现状。

对曾经出现过的问题会随着习惯而无动于衷，过去采取过的某些措施会随着时间的推移而消失，自己虽然对问题采取了行动但由于得不到周围的支持而放弃，过去这种例子比比皆是。

从记忆中唤醒曾经失败的感觉，将这种感觉重新用文字或语言在并肩作战的伙伴面前表达出来，将有助于提升大家的工作干劲。了解过去导致活动停滞、受挫的原因，将有助于提醒高层留意在今后的活动中应该关注的地方。

下面的图表是培训专员实际使用的"活动前问卷调查表"。被选为项目成员的员工收到该表格后提前将其填好，在项目开始当天将其提交给培训专员。

如上所述，在活动之前通过将项目带头人及其成员的想法明文化，既能促进他们梳理自己的想法，也方便高层了解他们的想法。

另外，这里虽然提到了问题意识，但并没有涉及对策。当项目带头人及其成员在活动的初始阶段被要求采取对策时，他们可能一时半会儿拿不出什么具体的意见来。采取对策解决问题的技能是需要慢慢培养训练的，因此在这一阶段并未加入问题项目。

在一家客户企业中，生产一线的情况 19 年来一成不变，该企业也几乎没有什么培训教育体制，尽管项目成员也隐隐

活动开始前的问卷调查

到目前为止的活动回顾

> 部门：制造 1 课　姓名：铃木太郎

1. 从迄今为止的公司培训中学到的东西

> 一线负责人的岗位管理和品质管理的开展方式、岗位交流

2. 活学活用情况

> 品质管理的开展方式
> →作为制定岗位指标时的参考

3. 未能实施的项目及其理由

> 一线负责人的岗位管理、岗位交流
> →忙于应对产量增加。作为上司的科长也下达了重视增产的指示

4. 自身岗位的风气

> 优点：
> 严守生产计划以及交货期的意识很强。成员之间的团队合作以及集体感较强
>
> 缺点：
> 需要经常高强度加班，下属疲惫不堪
> 总是手忙脚乱，感觉没有采取长远性和根本性的应对措施

5. 目标是打造怎样的岗位（希望成为的理想状态）

> 保持积极的良好风气，施工生产得以顺利开展的一线

丰田现场力

约约感觉到问题的存在，却无法用语言表达出来。

于是，培训专员向他们提出疑问："一直采用这种方式没问题吗？不觉得很辛苦吗？""这个工具能不能马上取走？如果很多东西随意放置导致取用不便的话，是不是可以把不必要的东西全部扔掉呢？"在采取对策的同时，向他们进行各种提问，以此来唤起一线员工的问题意识。

高层不要从一开始就要求过多，首先要从他们能够感受到的事物开始。

【活动中】

虽然活动期间的动机提升与本节内容中提到的所处的阶段不同，但因同属提升动机这一主题，所以在此进行阐述。

在活动期间，由于项目成员被抽调到改进活动中导致其原岗位处于主要战斗力缺失的状态，让原岗位的工作进展十分艰难。对此感到十分抱歉的项目成员即使被抽调为专职的项目成员，也有一些人会经常回到原岗位帮忙。

投入活动的时间量也在很大程度上左右了活动的成败，因此有必要使项目成员尽量专注于活动本身。为此高层应该告诉项目成员的是，希望他们专注于改进活动中自己承担的工作，以确保改进活动取得成功。项目成员的顶头上司及更高层的领导有必要创建一个环境，让项目成员可以专注于活动中自己承担的工作。

此外，要针对项目成员被调离的岗位上可能会出现的情况进行一下说明。不仅在活动期间，在活动之前也要根据需要进行说明。

出乎意外的事实是，如果岗位上的1号员工被调离的话，那么2号及以下的员工会迅速成长起来。如果岗位上的1号员工还在，其他成员大多会依赖并服从于他，并且岗位的核心工作大多也由1号员工来承担。但是，如果1号员工不在的话，那么其他员工会被迫自己思考并采取行动，通过承担核心工作而不断成长起来。

在很多情况下，成为项目成员的员工是职场中未来可期的1号员工，他们的离开会暂时造成原岗位工作负荷的提高，但是这样一来，2号及以下的员工的成长对企业整体来说是有利的。而对1号员工来说，更强的竞争对手的出现也会成为加速其自身成长的动力。

类似的情况也经常会在我们客户企业的一线岗位上出现。从这个意义上讲，使项目成员专注于改进活动并取得成果，同时鼓励原岗位上其他成员成长的方式应当是有效的。

【活动结束后】

通过改进活动可以获得广泛的技能、知识和人脉。通过提供与项目成员的成长相匹配的工作，可以为企业创造新的价值，项目成员也可以从实践中感受到自己的成长。

改进活动的目标是多种多样的。最容易想到的就是解决企业的具体问题。在这种情况下，一旦问题得以解决，就可以认为目标已经达成。

从长远眼光来看，改进活动的重点目标在于人才的培养，这可以说是提升现场力的源泉。在这种情况下，通过改进活动成长起来的项目成员将继续发挥自己的能力，从而不间断地提升并达成目标。

接下来，介绍一个活动结束后分配工作的失败案例，这是一位培训专员在丰田时代经历过的真实案例。

培训专员所在的岗位上有一名优秀下属主动要求参加某项长期研修，并通过了严格的选拔。这项研修的目的是培养广泛的技能，比如纪律性和持久力等。为此进行了许多实践，比如在跨专业的岗位进行实习、开展街头调查等。

经过培训回到原岗位的他，虽然对工作充满了期待，然而却没有得到与他的成长相匹配的工作，这就让他的工作热情大大降低，并产生了"我不想做这个工作"的想法。

这位培训专员不仅浪费了投入在他身上的时间，而且失去了有望通过他发挥能力而取得的成果。培训专员感慨道："这种经历使我痛切地感受到，对优秀的下属，不仅要给予他们成长的机会，而且要考虑在他们成长之后应该给他们分配什么样的工作。"

针对不同职位的项目成员采用不同的动员方法

在这里介绍根据每位项目成员的职位的不同，应该采用何种方法进行动员。

这里所说的项目成员的职位，指的不是年龄或职务，而是项目成员在被称为"2：6：2"的定律中属于上位的"2"或者下位的"2"的人。

【上位层】

对上位层的员工，我们会对其寄予厚望并严格要求："你认为明年依旧保持这种状态行吗？""以这种方式工作有意思吗？"用这样严厉的口吻来质问对方，从而使其奋发图强。也许有人会说："人是在表扬中成长的。"但这句仅适用于初级水平的员工。对具有一定的成功经验并且意志坚定的上位层的员工，要采用"表扬：要求＝1：9"的比例来对待，只有这样才能让他们将潜能发挥出来。相反，如果一味地表扬或下达指令的话，他们就会放弃主动思考和自主行动，原本的潜能也就发挥不出来了。

案例⑪

"想做的事情是什么？落后于计划该怎么办？完成之后再商量"

一家机械制造商，多年来在董事长兼社长的领导下，通过强有力的自上而下的方式实现了业绩的不断提高。新上任的社长希望管理层能更多地自主思考，并鼓励大家采取自下而上的方式，但是毕竟是多年来养成的习惯，一时难以改变。

之前大到工厂的方针，小到公司的各种决定，社长在方方面面都提出了详细的要求。对此早已习惯的厂长理所当然地认为，这次社长或者培训专员也会下达指令，于是只是一味地等待。

这样一来，改进活动就变得非常被动，培训专员无法利用厂长丰富的现场经验和各种想法。认为他有能力自己开展活动的培训专员说了这样的话："你想做的是什么呢？把这些都纳入活动计划中如何？完成这些之后再找我商量。"

换句话说，培训专员告诉厂长，虽然自己会提供建议，但是活动的主体是厂长自己。正如培训专员所预料的，厂长恍然大悟，除了最初考虑的改进目标"可参观的工厂"之

> 外，他还从贡献收益的角度出发，增加了"盈利的工厂"，并且一气呵成制定了计划表。

如此一来，针对有经验又有能力的上位层的员工，采取放任型的管理方式，反而能够让他们将自身的潜力发挥出来。

【下位层】

上述针对上位层的员工采取的是"表扬：要求＝1：9"比例，针对下位层的员工的比例则与之相反，即"表扬：要求＝9：1"。

尽管他们难以为企业带来巨额利润，但是通过他们发挥自身的作用，企业可以保持平稳运行。因此，请尝试用以下方式与他们进行沟通。可以多谈些家常，而不是直接谈工作。

①"我们在认真地关注着你哦"

在日常对话中，也可以适当关注对方的隐私。

"这段时间患感冒的孩子已经好了吗？"

"你老家的某某受到这次大雨的影响了吗？"

②"非常感谢你"

尽管有许多工作就像默默无闻甘于奉献一样，"存在是理所当然的"，"做好了是理所当然的"，但正是由于他们的存在，才能使各个岗位平稳运转。可以用"谢谢你每次都会很热情地和我打招呼""之前你制作的资料真是通俗易懂"等方式，积极地表达感谢之情。

案例⑫
被年长的下属帮助的瞬间

一位培训专员在30多岁担任丰田的班长时，手下有一名年长的40多岁的下属。培训专员平时跟他打招呼，他的反应都不太积极，他认为自己"除工作之外一无是处"，因此每天都埋头从事同样的工作。

当时，在培训专员负责的工序中经常出现故障，培训专员每天都大汗淋漓地忙于应对。为此，上司允许他在现场骑自行车。然而，由于自行车经常发生故障，培训专员却没有时间修理，只得来回奔走，为此疲惫不堪。

直到有一天，那名下属牺牲了自己的午休时间，利用从家里带来的工具修好了自行车。面对培训专员的再三感谢，他只是露出了淡淡的笑容。

在培训专员看来，"比起其他受到隆重表彰的下属，在我的心中，那件事情留给我的印象更深刻，至今仍然历历在目"。尽管他没有说什么表示关心的话，但是看到年轻的上司，也就是培训专员每天疲惫不堪的样子，他做了自己力所能及的事情。即使他在岗位上是个不起眼的存在，却发挥了不可替代的作用。

　　如上所述，只有让不同职位的员工各尽其才，才有可能实现企业绩效的最大化。

丰田现场力

完善改进活动的团队体制

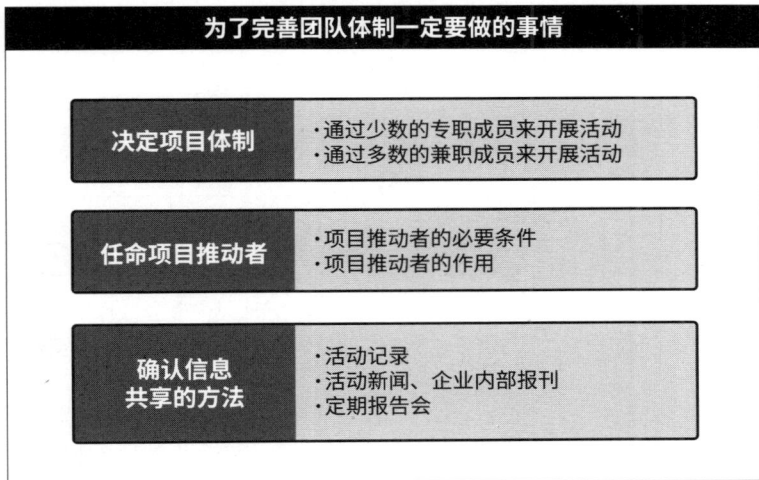

为了完善团队体制一定要做的事情		
决定项目体制	·通过少数的专职成员来开展活动 ·通过多数的兼职成员来开展活动	
任命项目推动者	·项目推动者的必要条件 ·项目推动者的作用	
确认信息 共享的方法	·活动记录 ·活动新闻、企业内部报刊 ·定期报告会	

　　在确定了活动的方向并选定了项目成员之后，接下来就要任命项目推动者了，目的是实现实际推动活动的项目团队的组织化运营以及为团队提供支持。正如采取的措施根据项

目目的的不同而不同，希望通过项目取得的效果不同，团队
的体制也有所不同。

1. 决定项目体制

为了获得改进活动的成果（产出），有必要从两个方面
着手：资源投入量（投入）和活动的效率（生产率）。生产率
的公式可以参考下图。本节具体介绍资源投入量。

取得活动成果的两种模式

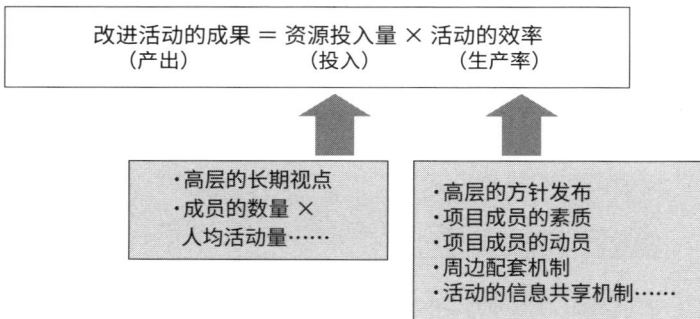

改进活动的成果 ＝ 资源投入量 × 活动的效率
（产出）　　　　　（投入）　　　　（生产率）

·高层的长期视点
·成员的数量 ×
　人均活动量……

·高层的方针发布
·项目成员的素质
·项目成员的动员
·周边配套机制
·活动的信息共享机制……

将资源投入量用"成员数量 × 人均活动量"来分析，可
以采取以下两种对应模式。

模式一：项目成员人数（少）× 人均活动量（大）
＝ 由少数全职成员开展的活动

模式二：项目成员人数（多）× 人均活动量（小）

＝由多数兼职成员开展的活动

由于每种应对模式都各有长短，因此需要在此基础上构建一种体制。

关于项目成员的数量，从活动能量、想法的传播等角度来看，应确保包括带头人在内至少有 3 名成员。全职成员是最理想的。然而由于受到资源的限制，以逐渐放缓活动节奏为前提，只要能确保一定的活动时间，兼职也是可行的。下文为了方便起见，将项目带头人和项目成员统称为项目成员。

项目成员数量（少）× 人均活动量（大）

【优点】

①初始速度较快

由于能够专注于活动，因此可以迅速掌握相关知识并采取行动。此外，如果团队中有一些积极性高或者能力出众的项目成员，大家就容易产生集体感，利于项目团队在合作良好的情况下开展活动。当存在需要立即解决的问题时，这种方法行之有效。

即使在本公司的客户企业中，当需要应对突发情况导致的业绩大幅下跌问题时，大多开展的是汇集核心成员的快速项目活动。

②能够培育核心人才

如果后备接班干部中有人成为项目成员，那么他们就可以通过改进活动在技能和人际关系方面取得宝贵的经验，从而实现长足的成长。当特定的培养对象存在时，这种体制可以说是十分有效的。

在本公司的客户企业中，也有不少曾担任项目成员的职员被任命为制造部门经理或厂长的情况。

【缺点】

对那些感觉现状没有太大问题的一线员工来说，改进活动看起来似乎是"多余的"。一线员工越没有危机感越容易陷入这种情况。另外，如果项目成员在公司里没有广泛的人脉，也就不会出现"如果那个人这样说就试试看吧"这样的情形，那么情况就会变得更加严峻。

项目成员人数（多）×人均活动量（少）的情况
【优点】

①在动员一线员工的同时推进活动

相关人员越多，人脉就越广，在出现少数精英的情况下，动员一线员工（活动的瓶颈）就会变得更顺利。可以通过活动来培养成员的危机感和活动改进意识。对涉及对象范围广、需要花费时间来开展的活动，这种体制可以说十分有效。

②可以在多个部门间相互切磋

这意味着岗位之间存在相乘效果。当特定的岗位被改造之后，一些员工通常会认为"那个岗位与我们的岗位不同"。但当其他岗位也慢慢成长起来之后，他们也会认识到自己的岗位不能落后，需要想办法与大家保持步调一致。可以灵活运用日本人所特有的从众意识。这种效果是在单一岗位上开展活动所无法取得的。

【缺点】

①推动活动费时费力

对任何工作而言，随着相关人员的增加，即使做相同的事情也需要花费更多的精力和时间。如果是由少数成员开展的活动，只依靠这些成员来推动活动的发展就可以了。如果成员人数众多，作为协调员的事务局的存在就必不可少了。

②初始速度缓慢

在这种体制下，尽管活动范围很广，但是每项活动的进展都很缓慢。如果说少数精英体制采用的是深度优先的方式，那么该体制采用的则是广度优先的方式。可以说这种体制并不适合情况紧急或者需要解决特定目标的情况。

2. 任命项目推动者

如果高层对改进活动抱有很大期待，就需要以高层的眼光关注项目的进展，不断提供必要的支持。承担这一重任的就是项目推动者。

虽然改进活动是以项目成员为中心开展的，但是项目成员也无法独立开展整个活动。时常发生的情况是，项目成员由于无法从相关部门获得支持而身处孤立无援的境地。为了防止这一事态的发生而设置了项目推动者的职位。根据企业的规模，这一职位也可以由高层亲自担任。

成为项目推动者的必要条件

第一个条件是项目推动者的职位要方便项目成员进行咨询。对项目成员而言，由一个在情感上和职责上都容易接近的人来担任项目推动者会比较好。项目成员和项目推动者以大约每周一次的频率定期分享活动状况，以便项目推动者可以及时采取必要的措施。

第二个条件是项目推动者所处的职位要方便其在必要的时机对管理层和相关部门实施动员。为了满足第一个条件要求，该职位最好是接近项目成员的，但是为了满足第二个条件要求，就要求该职位要高于项目成员。尽管这些要求自相矛盾，但在挑选项目成员时，需要先考虑好侧重点再来确定人选。

关键在于，要用团队的力量来筹备必要的资源。在我们服务的一家顾客企业中，大部分的项目带头人都由刚入职几年的员工担任。为了发挥项目的作用，将一线的资深员工指定为项目成员，并任命董事会级别的高层作为项目推动者。年轻的项目带头人虽然热情高涨，但在经验、人脉等方面相对薄弱，这些薄弱环节就由项目推动者及项目成员来弥补，可以形成这样一种体制。

项目推动者的作用

第一点是关注项目成员。这一点主要体现在心理层面。在活动开始之前，主要是调动项目成员的积极性。在活动进行当中，主要通过面谈来维持项目成员的积极性。例如，定期访问项目的试点一线，或者在活动报告会上激励项目成员等。

改进活动是描绘一个不可预测的未来并朝着目标不断迈进的活动。采取的措施对现状改变的程度越大就越难获得周围的支持，此时，项目成员身陷困境，容易在精神上遭受巨大痛苦。通过项目推动者的努力，可以使项目成员保持积极的心态。

第二点是关注活动，以能有具体产出的活动为中心。在活动开始之前，关于项目成员的挑选、项目预算的确认、项目活动需要的支持以及项目活动的意义等，公司上下对这些都要有明确的认识。

关于项目活动的预算需要注意的是，如果在活动开始时未能确保预算、未对审批流程进行确认的话，就会出现无法迅速拿到预算资金导致活动停滞的情况。在改进活动中，在进行需要大量资金的设备投资之前，应当先从改进作业着手，目的是在无资金支出的情况下消除当前的浪费情况。从这个意义上讲，很少会出现在活动初期就进行大规模投资的情况，如果需要大额预算的话，要事先采取应对措施。

在活动进行中，随着活动的开展，需要增加必要的项目成员，获得相关人员的支持，并提高公司内部对项目活动的认知度。同时，随着活动的开展，需要获得支持的地方也会发生改变。

例如，对最初以制造业一线岗位的作业改进为中心的活动，一旦采取了根本性的措施，就有可能涉及生产管理部门的生产计划的立案方法的变更，甚至是设计、开发部门的图纸提交方法的变更等。

因此，随着活动的开展，可能要向这些部门提出新的合作要求，在活动真正扩大之前需要让相关人员提前了解项目的活动。在这种情况下，就需要项目推动者出面来获得相关人员的支持。

另外，项目推动者积极参加项目活动可以有效提升活动在公司内部的认知度。同样，在公司中处于较高职位的项目推动者通过走访一线，也可以有效传达项目的重要性，甚至还能有助于项目获得更多的支持。

案例 ⑬
在四年半的时间里对所有周报悉数点评的
项目推动者

有一家客户企业自活动开始以来，在培训专员的建议下每周都制作活动周报。制成的周报分别发送给包括社长、项目推动者在内的众多相关人员。经过大约两年的时间，活动扩展到了4个工厂，相关人员收到的周报数量也增加到了4份。

在四年半的时间，有一个人对发布的所有周报都进行了点评。这个人就是公司的董事会成员，也是担任项目推动者的人。他的点评有三个主要特征。

第一个特征是认真阅读周报的内容，重点表达对项目成员的问候。像"谢谢""辛苦了"这类简单的问候并不会提高项目成员的积极性。只有表达出自己始终在关注活动，由此给项目成员带来的安心感才能激励他们勇往直前。

第二个特征是很少涉及个别内容。因为项目推动者在公司中身居高位，即使本人并没有这种想法，他的话也可能会成为项目成员的负担。而对忙碌的项目推动者来说，持续把控活动细节也会成为自身的负担。

第三个特征是在盯住最终目标的同时关注当前工作的完成度。时常会出现"尽管最终目标未达成，但是今年能做到这样已经算完成任务啦"这样的点评。

项目推动者的点评虽然内容简短，但却不间断地坚持了四年半的时间。时至今日，他仍然会每周进行点评吧。

3. 确认信息共享的方法

获得项目推动者的支持和相关部门的协力合作的速度在很大程度上决定了活动的开展速度。

开展活动的前提是准确、及时地共享活动状况。如果埋头于推动眼前的活动，就很容易忽视活动内容的记录以及向相关人员分享活动信息。

在活动开始时就要确定信息的共享方式，建立全方位无死角的信息共享机制。详细内容将在第 5 章中叙述，这里简要介绍活动信息的共享方法。

制作"活动会议记录"

"活动会议记录"是以项目的直接相关人员为对象，按照每周约 1 次的频率进行共享的信息。其目的有四个。

第一，与相关者进行信息共享。如果没有有效的信息共享方法，将很难实时把握活动的状态，尤其是在对象范围扩大的情况下。

第二，对活动中的课题进行确认。活动是否按照计划进行？如果没有的话，是什么阻碍了计划的执行？对这种状况，项目推动者要确认是否有采取行动的必要。

第三，对活动情况进行记录。即使当时不需要特意说明，但是随着时间的推移，人的记忆会慢慢淡化、模糊，最终变得模棱两可。另外，如果由于人事变动导致负责人更替的话，没有留下记录的东西就很难传给下一任。

第四，加深项目成员自身的理解。意外的是，这种观点并不为人所熟知，灵活使用"活动会议记录"的培训专员大都会提及这一观点。即使是项目成员，在与第三方交谈时也会发现，自以为理解而实际上并不能准确把握的活动要点比比皆是。随着"活动会议记录"的创建，细节将变得更加清晰，这有助于更加坚实地推进活动。同时，项目成员带着问题意识投入到活动当中，眼光也会逐步提高。

"活动会议记录"的内容分为三点。

第一，活动整体的要点。并非所有的对象每次都会仔细阅读记录的内容。另外，如果自己身处一线，对活动整体的

活动会议记录的样本

●●工厂　　●●项目活动报告记录						
日期	2017/10/12			**记录人**	佐藤三郎	
出席者	石川科长、香川、松山、高松					
议题概要	现场的合作与活动的横向展开					
报告内容	**姓名**	**指导、建议**	**姓名**	**应对措施、改进措施（应对期限）**		**姓名**
·A流程的活动进展困难。得不到现场的协助 ······	香川	·有可能是没有认识到活动会带来的好处 ·感觉现场的××领导尤为抵触 ······	石川 高松	·让现场的××领导去参观改进成功的B流程。使其实际感受作业变得轻松 （~10/18） ······		香川
本周的要点（或者本日的要点）		开展活动的时候，暂时可能会加重一线员工的负担，但有必要让他们实际感受到最终工作会变得轻松				

要点多多少少会有所把握。如果不在一线，在某些情况下就难以准确地把握要点。

为了把握活动的全局，突出关键的地方，首先要将要点精练之后表达出来。

第二，对问题进行分类，并记录相应的对策。这样一来，有没有对问题采取应对措施就一目了然，同时也明确了哪些地方需要相关人员提供支持。

第三，总结意见。由谁记录、记录哪些内容将取决于活动的状况。如果专注于项目成员成长，可以记录下项目成员通过活动学到的东西。如果要强调项目重要性，那么项目推动者等高层可以记录活动的定位或者当时活动的意义等。

制作"活动新闻·企业内部报刊"

活动新闻或者企业内部报刊大约每月制作 1 次，然后分发到工厂或整个公司，目标的规模取决于企业的规模。如果企业已有内部报刊，最好为活动留出一定的版面。其目的有两个。

首先，提高公司内部对项目的认识。对项目采取的措施，除了与之直接相关的人士，很少有人会积极地收集这些信息。另一方面，大多数人满足于一知半解，知道"似乎有所行动了"，然后就不闻不问了，对项目持旁观态度。通过积极地将信息传递给旁观人群，有助于把"似乎"变成"具体的印象"。

其次，获得相关人员的支持。通过了解活动的概要，相关人士多多少少会有些心理准备，因此在请求对方对活动给予支持时就会顺利得多。

活动新闻和企业内部报刊的关键内容有两个。

首先，要通俗易懂。如果是活动会议记录的话，它的读者对象是对活动相对感兴趣的直接相关人士，因此可以采用以文字为主体进行详细记录的方式。

在活动新闻、企业内部报刊中，大多数目标人群对活动并不感兴趣。如果连细节都进行描述的话，反而会让这些人的兴趣进一步减弱，所以要以活动的乐趣或盛况为中心，灵活运用照片等多种方式传递活动信息。

其次，要描述活动的扩展情况。就获得支持的方面而言，重点放在介绍当时还不是项目成员的员工的参与情况。要有意识地记录从一线到管理层的纵向扩展以及各试点工序的横向扩展。也可以让一线人员谈一谈通过项目活动作业变得如何轻松。

此外，关于发行的媒体，既可以印出纸质版并张贴出来，也可以在拥有完善的网络环境的情况下在互联网上公布。

活动新闻的样本

某个项目活动新闻

发行日：2017/9/1
发行人：●●工厂●●科

1 各科的活动情况

【A科】
○○○○○○○○○○
○○○○○○○○○○
○○○○○○○○○○
○○○○○○○○○○
○○○○○○○○○○
○○○○○○ 活动写真
○○○○○
○○○○

【B科】
○○○○○○○○○○
○○○○○○○○○○
○○○○○○○○○○
○○○○○○○○○○
○○○○○○○○○○
○○○○○ 活动写真
○○○○○

【C科】
○○○○○○○○○○
○○○○○○○○○○
○○○○○○○○○○
○○○○○○○○○○
○○○○○○○○○○
○○○○○ 活动写真

2 本月的"改进个人"

介绍"通过改进工作变得如此轻松"的专栏

○○○○○○○○○○○
○○○○○○○○○○○
○○○○○○○○
○○○○○
○○○○○
○○○○○ 个人照片
○○○○○
○○○○○
○○○○○
○○○○

3 本月的课题

某位科长参加了某家公司的一线走访活动。介绍几点本公司也可以参考的地方

① ○○○○○○○○○
　○○○○○○○○○
② ○○○○○○○○○ 当日照片
　○○○○○○○○○
③ ○○○○○○○○○

4 今后的活动计划

9/22 中间报告会
9/26 B 公司前来参加本公司的一线车间参观会
（●●科）

举行定期报告会

定期报告会是针对活动的开展情况、成果以及可预见的成果等，面向高层、试点岗位等直接相关者，甚至希望获得支持的部门所进行的报告。考虑到实际的效果，实施的频率以每3个月1次为佳。

作为项目，除了让参会者了解并认可活动的进度之外，还要在出现问题的情况下报告针对问题所采取的对策。另一方面，高层也可以借此机会考虑需要采取怎样的援助对策。

还有一个作用是，让相关人员通过报告认识到项目成员的成长。如前所述，项目推动者的作用在于对成员和活动的支持，通过实际报告，要让参会者切实感受到项目成员的成长。在我们的客户企业中，在许多报告会上都能听到"公司里居然有如此优秀的人才"诸如此类的感叹。

关于内容，建议分为三部分。

第一部分是有关会议室活动情况的报告。

第二部分是需要在把握活动概要的基础上进行实际的现场报告。这时比较理想的状况是，第一部分的报告人最好由项目成员担任，第二部分的报告人由一线员工担任。在展示一线员工的成长的同时，能够传达出项目成员与一线员工之间的良好合作关系。

第三部分是来自项目推动者和高层的评价。在公司内身处高层的项目推动者参加报告会并发表评论，不仅可以突出报告会的重要性，还能够通过鼓励项目成员来提高他们的积极性。

第 三 章

启动：在底图上涂色

本章要点

如前所述，活动的体制和方法取决于要实现的目标，还取决于试点岗位的特性。另外，能否周密地设定目标，将会大大影响工作的进度。

选定改进活动的试点岗位

是否应该在该工作岗位实施改进活动

1 "反正行不通"的意识比较强烈的情况

· 首先选择工作条件差的岗位

2 相关人员出现强烈的抵制情绪

· 选择核心部门
· 拉拢抵抗势力

3 希望快速实现横展的情况

· 最大限度地提升"每个工作岗位的产出"
· 最大限度地增加实施改进活动的工作岗位数量

在改进活动的起始阶段，每个试点岗位所遇到的阻碍各不相同。在此，列举三个典型案例，对试点岗位所需的要素进行说明。

1."反正行不通"的意识比较强烈的情况

"反正我们是无法完成的。"这种消极的态度是开展改进活动的最大阻碍。这种情况在有过挫折经历的企业中尤为常见。面对此种情形，建议首先从条件较差的岗位着手实施，最先消除那些让员工变得消极的不利因素。

面对改变的消极态度 = 无所谓

如前所述，项目成员无须具备改进的技能，但是他们需要"积极面对改变"。需要改进的对象正是这种没有"积极面对改变"的情况。

"积极面对改变"意味着即使现状凄惨，也坚信未来是光明的，相信凭借自己不断迈出的有价值的每一小步，能够改善现状。

相反，虽然未必认定现状绝佳，但是自认为没有改变现状的技能，这会让人产生消极面对改变的态度。言简意赅地说，就是会产生无能为力和无所谓的感觉。

诀窍在于让其产生被边缘化的焦虑

当对改变持消极态度时，即便环境优越，成功开展改进活动的例子也并不多见。因为员工们往往认为，"那是那家

丰田现场力

公司、那个部门才有可能实现的"事情。他们往往将无法实现自身工作岗位的改进或发展的原因归结为"没有优越的环境"。

　　然而，在恶劣的环境中成功开展活动的却不乏其例，因为不具备让其感到自身无能为力的条件，因此他们会认为"自己或许有能力做到"，或者因为自己身边正在开展活动，"如果不进行改变，自己可能会被边缘化"。如果大多数人都能有这种感觉，那么就能成功地消除无所谓的消极态度。

　　什么样的工作岗位比较适合这样的操作呢？

　　一是在跨部门比较中数字指标不如其他部门的岗位。例如，收益出现赤字，生产率和毛利较低的部门。

　　二是尽管难以用数字指标进行严格的横向比较，但在定性方面比其他部门差的工作岗位。

　　例如，在公司内地位低、新员工招聘几近停滞的部门。与其他部门相比，这些部门通常有更强的无所谓感，而且消除这些阻碍的门槛并不低。

　　但是，一旦能够成功消除这些消极因素，便能从中获得巨大成果。因为这些部门往往为周围的部门不愿做出改变提供了口实，人们往往认为，"与那个糟糕的部门相比，自己的部门还算不差，所以没有必要做出改变"，"那个糟糕的部门不可能发生巨大的改变"。因此，如果他们都能够实现改变，周围的部门不愿做出改变的理由便消失了，同时也会出现不改不行的焦虑。

案例 ⑭
"如果别人能做到，我们也可以"

市场占有率为95%、经常性利润为10%的 J 公司，眼下发展势头锐不可当，但公司高层由于员工缺乏危机感而对未来感到焦虑不安。

为此，公司高层在喊出"不让一个人掉队"的口号的同时，选出在公司积极性和危机感最低的组装岗位作为改进活动的试点。公司高层认为，如果能在面临巨大阻碍的岗位上成功实现变革，那么该经验将能激励公司内大部分的部门。

组装岗位的主要任务是简单地重复规定的操作，并且在大多数情况下，还要时常承担客户的投诉和出现不良品的责任，因此在公司内属于积极性尤为低下的岗位。在活动开始之际，许多人都说："眼下公司业绩出色，不明白为什么还要开展改进活动。即便开展活动，自己也是无能为力了。"因此，在活动之初，自然是无人提意见，气氛沉重。

但是，高层并未对其施压，也未设定任何具体的数字目标，培训专员一直陪伴左右，小组在致力于容易出成果的改进活动中获得了点滴成功的体验后，积极性得以逐渐提升。随着改进活动的升级扩大，从扩大批量生产至流水生产，都取得了不错的成果。

从一个部门开始，改进活动逐渐扩展到了多个部门，其中之一便是拥有高技术能力且对自身现状充满信心，而最初对开展改进活动持有高度戒心的部门。那些员工最初的态度是，"试点部门有很多有待改进的地方，但我们部门做得很好。没必要进行改进活动"。当他们看到试点部门取得的成果后，便也开展了改进活动。

最终，该部门取得了可观的"数字成果"。比如，将交货时间缩短了一半，将生产切换时间减少了75%。

像这样，通过选择在推行难度较大的部门开展改进活动，还能产生一个积极的次生效果，那就是可以有力地推进改进活动在其他部门的展开。在下文中，我们接着谈谈另外一些积极的次生效果。

2. 相关人员出现强烈的抵触情绪

即使高层认为有必要开展改进活动，也未必能获得各方的理解、支持与配合。

在本公司的客户公司中，也会时不时出现由于无法获得中下层干部同意，从而导致高层希望开展的活动被延迟的情形。

当然，改进活动没有必要征得所有相关人员的同意。但是，如果没有核心团队的认同，就无法开展活动。即使仓促上手，也无法为活动的开展提供动力保障，进度等会被大大拖延。

由于相关人员对改进活动持有较强的抵触情绪，在核心部门开展先行试点是很有效的。因为这些部门能更容易理解活动的预期成果，并且能极大地提升公司上下整体的改进意识。

抵触势力有时也会成为活动开展的推进力量

在改进活动中，积极配合的人、默默服从的人往往被视为活动中的积极因素，而有抵触情绪的人则常被视为消极因素。但从长远来看，这种观点往往是错误的。

积极配合的人理所当然是活动开展的后盾，但是有抵触情绪的人也可以成为后盾。

在改进活动中，默默服从的人似乎是一个积极的存在。但他们往往没有主见，容易随波逐流。他们虽不至于成为活动的阻碍，但也难以成为开展活动的推进力量。

丰田现场力

那些心存抵触的人似乎会是活动开展的阻碍力量，而且在活动的初始阶段，这样的情况时有发生。但是，如果采取的措施得当，他们通常会成为活动开展过程中最有力的推动者。

常常可以听到培训专员说："我总是告诉我的下属有事向我抱怨"，"在项目活动中，先找到反对的人，将其优先培养成具有领导范的人物"。为什么一个对活动心存抵触的人会在活动中变得积极起来呢？

改进活动内容的好坏姑且不论，他们拒绝活动的原因可能是出于他们的信心和信念。比如，他们有成功的经验，对一线工作有明确的思路，有能够把控一线工作的自信，等等。

即使是在大多数人都赞成开展改进活动的情况下，由于自身的优势可能会受到威胁，他们才对活动进行抵制。这样的抵制出于自身信念，也需要强大的内心。虽然仅凭"反对活动"这一事实就能将他们视为开展活动的负面因素，但如果能正视其背后拥有一颗"不随波逐流，坚持己见"的强大内心，并为我所用，这些人就会成为活动推进的积极要素。

拉拢"抵触势力"

在争取有抵触心态的员工时，方式、方法上确实需要注意。因为对这些人参与活动抱有期待，所以我们建议在距离企业核心部门较近的岗位开展先行试点活动。

这里的核心部门指的是销售业绩好的部门、发展势头强劲的部门、销售公司中的营销部门等。这些部门都是备受公司全体员工瞩目和熟识的部门。

这样做的原因之一，是容易让大家了解活动带来的成果。这些在公司内部受到高度关注的核心部门，其动向备受关注，一旦取得成果，活动就会很容易在公司内部快速推广起来。

此外，与其他部门相比，大家对核心部门的现状和业务概况往往比较了解，因此有助于让大家看清活动所带来的成果。这也能很好地促使抵抗势力感受到改进活动的意义。

另外一个原因，是这样更有利于在改进活动中营造出积极的氛围。作为公司象征的核心部门，对全公司的发展动向有着巨大的影响力。

尽管难以直接影响抵抗势力本身，但是一旦核心部门的动向能促使积极分子不断涌现，抵抗势力也会逐渐对改进活动产生兴趣。这就是从外部攻破堡垒的方法。

案例⑮

在生产主打商品的一线岗位上开展试点，
让相关部门变得"主动找水喝"

　　K公司是一家食品制造企业，在其优良业绩的背后，公司高层对提升产品质量抱有强烈的危机感，而在一线的员工却认为没必要开展改进活动。两者的认知存在差距。

　　在这种情况下，高层首先要做的，就是要使作为改进活动核心的制造部门的上层员工真正认识到改进活动的必要性。用公司高层自己的话来说："不是牵着脖子去让他喝水，而是让他自己去找水喝。"

　　理解"质量第一"这一方针的制造部门的主任拒绝了高层的外部支持，根据从书籍和研讨会中获得的知识，开始了自身的改进活动。几年过去了，业绩指标和一线员工意识的改革仍未取得进展，改进活动停滞不前。为了能获得具体的对策，主任也变得愿意接受外部支持了。寻求外部支持的瞬间，便完成了"主动找水喝"的转变。

　　此后，在培训专员的参与下，改进活动重新开启。被委任为改进活动总负责人的制造部门的主任首先选择了主厂的主要产品生产线为推进改进活动的试点单位，对其中的理由他是这么说的：

"该产品是公司的招牌商品，在整个公司具有很大的影响力。此外，该产品还与其他产品共线。最重要的是，它与总部相邻，除制造部门之外，销售和总务等相关部门的人员都能轻而易举地看到改进活动的进展状态，要让他们都能亲身感受到那里发展的巨变。因为将来在这些部门也要实施改进活动，所以我认为有必要让他们尽早了解这些活动。"

由于他本人也曾对活动持怀疑态度，所以，在选择试点时，他考虑的也是如何让一线员工"主动找水喝"。

3. 希望快速实现横展的情况

在组建改进活动团队时，活动的结果往往用"投入精力 × 活动生产率"表示，但也可以用以下的方式表示：

$$活动成果 = 每个岗位的成果 × 横展岗位的数量$$

为了实现改进活动成果的最大化，有以下两种选择。方法因团队的特性而异，请选择适合自身团队的方法。

选项①：实现每个岗位产出的最大化

此方法适用对象是这样的企业：它的下属部门中有一个可以产生重大影响的岗位。比较典型的是一个每天生产大量产品的大型工厂。只需在该工厂内开展改进活动，就有可能取得显著成果。

在这种情况下，我们先选择一个岗位作为试点，对其进行广泛且深入的改进。然后再通过这些接受过培训的员工的积极配合与支持，将改进的范围拓展至其他岗位。其方式是一定数量的接受过专业训练的员工自始至终全程地参与并推进活动的展开。

当前，我们70%以上的客户是制造公司，它们大多采用这种方式开展改进活动。

选项②：实现试点岗位数量的最大化

另一种类型的企业有特许经销权，但店铺和设施的规模较小、数量众多。与选项①的深入改进相比，这类企业更适合下面这种着眼于拓展的改进方式。

选择这种方式的客户主要是银行、疗养院和建筑工地的事务所。

由于实施改进活动的试点店铺（设施）的规模较小，因此只能产生很小的成果，但是如果可以将其拓展到更多的店铺（设施）上，则可以实现整体成果的最大化。

值得一提的是，丰田公司十分重视改进活动的横向展开，并且积极地宣传和共享某个岗位上的改进实例，这些都可以在丰田的内部网上查看。

其方式是大量已经掌握基本业务知识的员工在各自的岗位上推进活动的展开。由于是基础的改进，所以内容也多以专业的业务知识为主。

另一方面，由于改进活动需要在保持整体步骤一致的情况下进行，因此整体的协调功能至关重要。为了更有效地实施横向展开，最好选择与其他岗位、工序有较多共通性的岗位做试点。接下来通过以下示例进行具体说明。

活动内容的深度和活动范围的广度

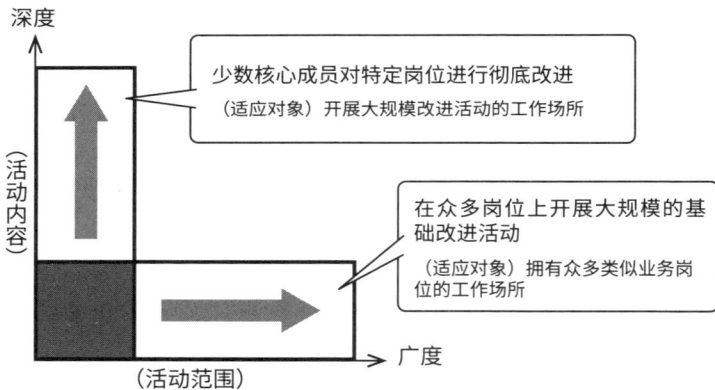

深度

（活动内容）

少数核心成员对特定岗位进行彻底改进

（适应对象）开展大规模改进活动的工作场所

在众多岗位上开展大规模的基础改进活动

（适应对象）拥有众多类似业务岗位的工作场所

广度

（活动范围）

案例⑯
利用从众心理开展活动

从事租赁业务的L公司在全国大约有30家营业所。为了解决在一线岗位上发生的各种问题，我们的培训专员对其中一家营业所进行了为期半年的驻点改进指导培训。该公司希望全体员工能以该营业所为范例，自主地推广改进活动。这种做法就是上述选项①的方法。

但是，由于大部分营业所都没有开展活动，所以出现了这样的效果："试点改进活动的仅一家营业所，那家营业所与众不同而已。"因此改进活动难以推进。

于是，我们采取了一种非常规的新方法，即在培训专员的带领下，在L公司上下同时开展改进活动。

从最初的活动中，我们看到了从众心理的巨大影响力。"因为周围的人（部门）大都没做，所以自己（本部门）不做也没问题。"这就是在最初的活动中产生的典型的消极从众心理。我们想要的效果是，"因为周围的人（部门）大都在做着，所以自己（本部门）也必须要去做"。营造出这样的积极"从众心理"，才是我们采取整个公司上下同时开展改进活动的初衷。

想要将消极的从众心理转化为积极的从众心理需要注意

两点。

　　第一点是建立横向联系系统。在多个地点同时开展改进活动时，地点越多，就越容易分散活动的一体感。这往往会让推动改进活动的从众心理的积极影响力变弱。因此，在开展改进活动的头一个月，我们将各地负责活动推进的项目成员召集起来召开一次会议。会上他们分享了各自的工作现状，以及希望通过改进活动开展的具体事项。这次会议，不仅提高了项目成员的活动参与意识，还强化了项目成员之间的联系。之后，各地改进活动的展开由负责各自营业所的项目成员具体实施。不过，他们会每月一次聚在一起互相交流信息。这种方法不仅可以让项目成员之间保持相互联系，避免陷入孤立，还可以让他们环顾周围的进展情况，做到互相切磋、共同进步。

　　第二点是所有参与活动的营业所使用统一的表单。由于每个营业所的业务内容几乎相同，因此很容易将某个营业所的改进活动推广到其他营业所。为了让项目成员了解其他营业所的活动进展，为各自的活动展开提供参考，就有必要让他们轻松地获取其他营业所的活动细节。为此，我们对活动中使用的表单做了统一，避免因记载样式的不同而导致信息不畅。

　　下图就是实际使用的表单。在该表单中，除了有填写具体的实施事项各栏之外，还有一栏让活动参与者填写自己认

为的学习要点。此举可以让当事人重新确认学习点，并将其
应用到对下属的指导中去。

L 公司利用从众心理开展的活动

【活动示意图】

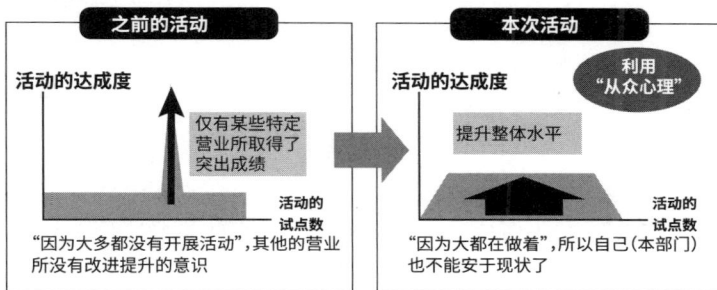

之前的活动

活动的达成度

仅有某些特定
营业所取得了
突出成绩

活动的
试点数

"因为大多都没有开展活动"，其他的营业
所没有改进提升的意识

本次活动

利用
"从众心理"

活动的达成度

提升整体水平

活动的
试点数

"因为大都在做着"，所以自己(本部门)
也不能安于现状了

【使用的表单】

通过将所有的活动汇总到一张表单上，即便是个人也能够更容易把握、回顾与反思
整个活动。此外，在指导下属时也可以直接使用，还有利于实施横向展开。

活动记录											
岗位上的课题											
个人的课题											
	4 月				5 月				6 月			
	第一周	第二周	第三周	第四周	第一周	第二周	第三周	第四周	第一周	第二周	第三周	第四周
活动内容 学习内容 实践内容	实际活动的内容											
①获得的新知识		②对下属和周围的影响			③通过活动取得的成果				④今后的课题			
通过整个活动所取得的收获												

如上所述，如果希望在个别试点岗位上实施的改进活动能在确保一定内容（深度）的基础上，取得规模扩大（广度）的成功的话，就需要在有利于实施横向展开方面下功夫。

制定活动目标

制定目标时需要注意的要点	
① 方向性	·活动目标要与公司方针保持一致 ·活动内容和表达方式要能体现当事人的感受
② 等级	·高目标 ·切实可行的目标
③ 记载事项	·明确"干多久""干什么"和"干多少"
④ 时间轴	·将目标划分为短期目标和长期目标

　　上述改进活动进行试点的最佳岗位因活动目标的不同而各异。除了一些生产一线需要较高技能的企业，在本节所述的"主题—目标"设定上各岗位都存在一些共同点。接下

来，按照"方向性、等级、记载事项和时间轴"四点分别进行说明。

1. 方向性

为了使改进活动取得最好效果，在目标设定之际有两个重要的观点需要注意。

是否与公司方针保持一致

改进活动的目标要符合公司的方针。换句话说就是，活动的方向性要与公司的方针保持一致。

如果两者不一致，即使活动本身能够取得很大的成果，但是从公司整体收益的角度来看，改进活动的实际收益也会变小。在有效利用人力、资金等资源方面，与公司方针保持一致是个大前提。

但是，与公司方针关联性不大的改进活动是个例外。这主要是指在生产一线被称为"QC 小组活动"的以培养改进意识为主要目的的活动。

在此类活动中，负责人将熟悉且易于着手解决的问题设定为活动的主题，这样一来改进活动的初学者们便可以愉快地开展活动了。除了某些例外，活动的结果不会在人事评价中有所反映，因此大家可以在没有压力的情况下专心致力于活动的开展。

这里的重点是了解改进的乐趣，并体验如何改进，而不是活动取得结果的数值。因此，为了实现该目标，与各方合作（如选择大家都熟悉的主题）比与公司方针紧密相连（如对企业的直接贡献）更为重要。

尽管改进活动与公司的方针在方向性上保持了一致，但需要注意的是，具体的一致指的是目标的方向，而不是目标的数值。

例如，公司提出了"削减1亿日元成本"的方针。这意味着自身的工作岗位、改进活动的目标应与"降低成本"这一方向保持一致，并非一定要保证实现"1亿日元"这一数值。

这貌似有点让人摸不着头脑，但即使没有那么极端，这样的情形也会在许多公司出现。在此种情形之下，即使方向明确，各个岗位也无法确定自身所需要落实的具体行动。

只有确认了自身的岗位在整个公司中的定位之后，才能设定具体的数值。例如，如果你的工作岗位在涂装车间，可以设定"降低2000万日元涂料成本"的目标。为了实现这2000万日元的目标，可以从生产率、质控等几个方面来进行目标设定。

重要的是，要将精力投入到保持目标一致性这一正确的方向上，并设定切实可行的数值指标。

活动内容和表达方式要能体现当事人的感受

为了提升改进活动本身的效果，活动内容和表达方式要体现项目成员自身的感受。

在许多情况下，改进活动是公司安排的任务。即使被选为活动的项目成员，也深知活动的重要性，但他们一般是不会去谈及自身想法的。

这样往往容易陷入一种误区："我知道这个活动对公司很重要，被任命为项目成员也很荣幸。但是，这最终也仅是工作而已。"参与者个人精神状态游离虽然也能致力于活动的开展，但在工作上难以达到忘我的程度。

当人专注于某事，比如痴迷于业余爱好或与家人、朋友聊天时，会呈现出怎样的一种状态呢？会说"做某事会为自己带来某些好处"吗？会经过这样理性的思考再去专注于某事吗？即便多少有这样的理性因素，但专注于某事大都是因为"这事真的很有趣"吧。陷入痴迷之后，有时甚至连自己都忘了这份乐趣了。

与上面谈到的将改进活动仅仅视为工作而漠然置之的态度相比，若能以痴迷的态度专注于改进活动将会带来怎样的效果呢？

为了让活动参与者感到"有趣"，活动中需要使用能够体现项目成员感受的内容和表达方式。所以，活动一方面要坚持上一节所述的与公司方针一致这一大前提，另一方面在表达上还要兼顾成员的感受。接下来，通过案例⑰来介绍我们所使用的具体方法，供大家参考。

案例⑰
通过"意愿的可视化"找到正确的方向

某中等规模精密设备制造商从寻求"积极改变"的企业理念出发，开展了以普通年轻员工为核心的改进活动。起初持观望态度的老员工和以他们为核心的管理层在看到普通员工的成长和他们的业绩增长后变得日益焦虑。而且，通过改进活动获得历练成长的普通员工对管理层的不信任也日益高涨。这让工作岗位的人际关系不断恶化。

好不容易才转变态度积极应对改进活动的管理层此时也变得不知所措了。即便他们不顾培训专员的指导，慌手慌脚地去了生产一线，也不知道作为管理者应该扮演的角色，只是与下属在生产线上一起工作而已。这样只会不断增加员工的焦虑与彼此间的隔阂。

因此，我们将大约15人的管理层聚集在一起，进行了为期两天的"心愿可视化"训练。"心愿可视化"训练是我们针对项目成员设计的特殊方案，此方案旨在让他们表达自己在公司或工作岗位中的理想状态。

大家讨论什么呢？"5年后你想成为什么样的自己？""在什么岗位上，你才会每天都想心情愉悦地上班？""为了实现这些理想，需要解决哪些现实的问题？"如此等等。经过这样一番讨论之后，最终确定了活动的主题和口号。

对仅需考虑如何克服自己工作岗位上的困难的他们来说，此举为他们提供了一个宝贵机会，使他们能够重新思考工作岗位上存在的现实问题、未来趋势，并将其用语言表达出来，与立场相同的管理层共同分享。

此后，在工作岗位上发生了翻天覆地的变化。管理层最终找到了正确的方向，他们对生产一线的下属的指导以及对改进活动都变得热心了。通过改进活动，普通员工积极主动地接受变革，工作日益变得顺利，并且开始重新尊重给予自己正确指示和贴切建议的上司了。纵向的团结协作渐入佳境。

另外，通过心愿的可视化，普通员工也加深了对其他工作场所的理解，从而可以顺利地协调解决生产一线上出现的问题。由此协商如何应对生产活动和管理上出现的各种问题的横向联系也诞生了。

由此可见，确认当事人的"心愿"，并将其整合为共同的目标，是一种能够激励当事人的有效方法。

在某些情况下，可能还会出现项目成员希望解决的问题与公司的方针不一致的情况。这时，可以先试着找出两者之间的共同点。

例如，假定公司的方针是降低成本，而项目成员却希望解决环境问题，那么目标可以设定为通过解决环境问题来降低成本。

将项目成员希望解决的问题预留为待办事项之一也是一种对策。

尽管改进活动需要紧紧围绕企业强调的主题，但为了提升和维系当事人的积极性，可以将这些问题预留下来。眼下看来，这或许是对资源的一种浪费，但是长远看来，此举有益于增加活动所产出的总体效益。

"心愿可视化"内容

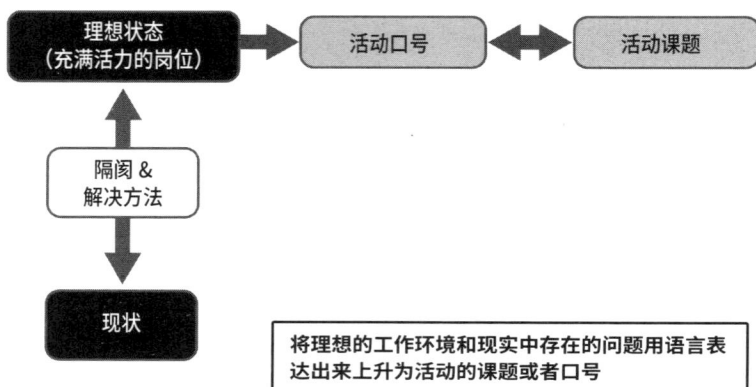

将理想的工作环境和现实中存在的问题用语言表达出来上升为活动的课题或者口号

2. 等级

接下来要设定目标等级。目标等级高低的设定，不仅会影响活动的优劣取舍，还会影响项目成员的级别及企业文化等。所以企业需要对自身结构状态进行认真判断之后再制定目标。

接下来将介绍两种比较极端的模式，如果你的企业符合两者中的某些特征，请综合选取这两种模式中与自身相符的关键点合理地制定目标。

目标越高，风险越高，收益越大

一般来说，企业目标定得越高风险越大，带来的收益也

丰田现场力

越大。这不仅需要广泛的知识储备和众多齐心协力的合作伙伴，有时可能还要面对无法调动各方积极性的困境。然而一旦目标得以实现，便可获得累累硕果。具体目标可设为"一年后将整个公司的库存减少一半""半年后增产30%"等。

制定较高的目标，除了能直接获得巨大的收益以外，还能诱发创意的诞生。在多数情况下，仅靠延续传统方法是无法实现高目标的。为了实现高目标，有必要回归原点重新思考。由此可能会找到之前难以想到的突破口。

而且，还可以将在此过程中获得的经验和技能应用到日后的各种活动中。另外，我们的培训专员也达成了如下共识：在为实现丰田的高目标而终日拼搏的过程中，自身也取得了长足的进步。

但是，其缺点是无法调动各方的积极性。如上所述，仅靠常规思维、延续传统方法是无法实现高目标的，因此放弃目标也是情理之中的事，这样一来便会停止努力。如果发生这种情况，改进活动就会停滞不前，不仅无法获得实现目标的高额回报，还有可能落得满盘皆输的结局。实际上，在我们的客户里也时有陷入这类困局的情况发生，这就是有必要谨慎设定高目标的原因所在。

哪些企业适合制定高目标

什么样的企业适合制定高目标呢？简而言之，该企业必须具备一种迎难而上、不畏挫折的特质。接下来谈一谈其中所需的两个必备条件。

其一，要有一种激励挑战、宽容失败的企业文化。尤其是后者"宽容失败"很重要。

在许多公司都能听到"支持挑战"的口号。但是，如果仔细观察实际情况后就会发现，即使在这样的公司中哪怕是一次失败也可能会招致负面的评价。这样一来，实现高目标就等同于将自己置身险境。为了能够积极挑战有可能失败的高目标，消除失败可能会带来的后顾之忧是一个关键要素。

为了让读者深切感受到这一要素的重要性，接下来将介绍一个在我们的客户中实际发生的案例。该公司受到法规和专利保护，在市场上占据绝对优势、利润丰厚。因为目前业绩绝佳，所以维持现状便成了至高无上的选择，员工在公司即使因为小小的失败，也会被降级。

由于这是一家知名公司，因此每年都有优秀的毕业生加入。有一次，新员工在培训专员同席的会议上提出了一个崭新的思路，随后他的上司立即说："哦，虽然你说得很不错，但是，如果失败了，怎么办？"从那以后，那位新员工便一直保持沉默了。在这家公司，优秀人才勇于挑战的创新激情不断被消磨，最终形成了一种以标新立异为耻、以循规蹈矩为荣的企业文化。

其二，需要建立一种获取实现目标所需技能的扶持制度，除此之外还要建立一种对实现的目标进行评价的机制。换句话说，就是建立人才培养和评价系统。如果说激励挑战、宽容失败属于企业文化培养层面的问题，那么建立人才培养和评价系统则属于制度建设层面的问题。

为了实现高目标，不可因循守旧，需要独辟蹊径、勇于创新。同样，实现高目标所需的技能不是从常规的业务知识、经验和 OJT 业务培训① 中就能获得的，它还需要从工作岗位以外获得知识和经验（如 Off-JT 业务培训② ）。例如，当工程师希望创造出一件史无前例的新产品时，工程师也需要一个学习诸如营销等知识的环境。如果没有这样一种可以获得知识和经验的环境，打算摆脱现状，考虑从零开始、白手起家的想法是不现实的。

根据我们的经验，制定高目标仅适用于长期坚持开展改

---

① OJT 业务培训是指在工作现场内，上司和技能娴熟的老员工对下属、普通员工和新员工们通过日常的工作，对必要的知识、技能、工作方法等进行教育的一种培训方法。可译为"岗位培训"。

② Off-JT 业务培训是 Off the Job Training 的缩写，将接受培训的员工，集中在一定时间内，利用外部或内部的培训设施进行培训的一种方式。可译为"脱产集中培训"。

进活动且具备上述要素的企业。由于改进活动在活动的初始阶段就会面临重重困难，因此建议大多数企业参考以下范例来制定符合自己的目标。

制定切实可行的目标有助于积极性的调动

制定高目标意味着高风险、高回报，而制定切实可行的目标也就意味着低风险和低回报。虽然制定可行性高的目标，即便失败了导致的损失也较少，但是能带来的成果也是有限的。例如，"6个月后，将产品A的交货时间缩短15%"，"3个月后，业务洽谈次数增加10%"。

其最大的好处是容易调动和保持实现目标的积极性。正如我们已经提到的，改进活动的关键是消除"反正不可能实现"这样一种消极态度。高目标一般会助长这种消极态度，因此，先要制定一个能让活动迈出第一步的切实可行的目标，即使它是个小目标。

维持现状只会止步不前。即使一直不敢直面挑战，但是只要能拿出积极的态度，制定出切实可行的目标就已经迈出了成功的第一步。

这种能够调动积极性的目标效果最佳。

虽然每次实现这种目标所带来的成效是有限的，但是只要经过不断积累，最终就能实现一个大目标。另外，在实现目标的过程中会体验到成功的喜悦、增强自信心。这些都会转化为挑战更高层次目标的新动力。

其缺点是改进活动的格局难以摆脱现状、实现突破。人都是希望安逸的。若不是迫于形势所逼，没有人愿意绞尽脑汁去思考从根本上解决问题的方法。

这种目标适用于不愿改变现状的项目成员占多数的情况。以下是对改变现状犹豫不决的三个典型理由。

①技能和经验不足，对挑战新事物没有信心

人们都希望尽可能不犯错误，并且在成功无望的情况下往往观望不前。这种情况在重视经验和熟练技术的公司中尤为突出。

②从未体验过改进活动带来的乐趣

企业需要适应环境，如果迫于外部环境需要进行改变，则需要积极应对，顺应改变。但是，那些竞争性不强的垄断性行业，比如受各种法规保护的行业以及利基市场①，对改变的需求则非常有限。说到底，如果从未尝试过主动改变的话，也就无法切身感受到它所带来的乐趣。

---

① 利基市场（niche market），指的是那些高度专门化的需求市场。在此市场利基者通过专业化经营可以获取更多的利润。

制定符合组织特点的目标等级

组织的特点	制定合适的目标等级	能想到的优点	能想到的缺点
·奖励挑战宽容失败的环境 ·为学习必要技能提供支持＆对实现目标进行表彰	**高目标（例）** 一年之内整个公司库存减半 半年之内产量提高三成	·能取得巨大成果 ·有可能取得新颖的创意 ·能收获各种经验和技能	·可能会打消当事人的积极性
·经验、技能不足，对新的挑战没有信心 ·未体验过改进的乐趣 ·未走出曾经失败的阴影	**切实的目标（例）** 半年之内将A产品的生产周期缩短15% 3个月之内将业务洽谈量提升10%	·达成目标的积极性不会降低 ·通过扎实稳妥的反复实践取得巨大成果 ·能逐步提高目标、迎接挑战	·难有突破性的创意

③难以走出失败的阴影

这种情况与上一节中所谈到的宽容失败的企业文化截然相反。这里还包括虽然提出了各种提议但均遭否决的情况。这种情况在各行各业中都广泛存在，也是导致我们的客户公司的员工对改进活动失去积极性的主要原因。

事例⑱
"稍做努力就可以实现的目标"
能够鼓励丧失自信的员工

我们的客户中曾经有一家从事能源业务的公司，其开展改进活动岗位所在的工厂一开始存在着两个大问题。

其一，从整体上看，公司经营渐入佳境，但部分工厂仍处于赤字状态。典型的例证是公司大约有15年没有新进过应届毕业生了。

其二，员工士气低落，无所谓的感觉和维持现状的意识很强。由于无力增加培训的投入，员工们的技能低下。这里存在着对改变现状犹豫不决的三个典型理由中的两个。

在这种情况下，培训专员认为迫切需要解决的是，实现盈利以及调动员工的积极性。因此改进活动的主题被定为"提升产能"，因为它直接与提升相关，而且活动结果易于理解，能有效地调动员工的积极性。我们从"瓶颈"工序下手，逐渐推广，最终实现了部门整体生产率的提高。

在活动过程中，将提升产能的数字指标设定为半年内增加10％到20％。此数值是培训专员对制程能力①和员工技能有了透彻了解之后提出的切合实际的指标。关于目标设定的等级，负责该项目的培训专员做了如下解释：

"在既没有改进的方法和经验，也几乎没有积极性的基础上，制定很高的目标，只会带来积极性的下降。只有当培训专员、公司通过制定符合现状且切实可行的目标，并明确

---

① 制程能力（process capability）是指在固定生产条件及稳定管制下一个生产过程所展现的生产能力。

具体的方法，逐步建立起完备的'支持挑战'的体制时，一线的员工才会迸发出'努力试一试'的积极性。这种'触手可及'的感觉非常重要。在此并不否认仅凭自我思考，努力实现高目标式的个人发展，因为我本人对此也有非常真实的体验。但是，在各种条件并不齐备的工作岗位上，还是需要先制定一个现实的目标并给出具体的方法，推动员工迈出改进的第一步。然后再让他们凭借自身的主观思考朝着更高的目标迈进。"

最终，该工厂每次都能顺利完成目标。在为期两年半的改进活动中，不仅消除赤字实现了盈利，还实现了产能提升1.9倍的戏剧性变化。

这里的重点是，不要制定一个长期的高水平目标，而是要制定一个极有可能实现的目标，并将时间定为相对较短的6个月。通过重复这个循环，较小的改进最终会积累成巨大的改进。

如上所述，员工的素质、对改进活动的积极性、对失败的容忍度等都会影响目标的制定。

3.记载事项

在活动的初始阶段，由于项目的工作范围较小且相关人员有限，所以他们之间共享信息的情况很多，因此，即使没有制定明确的目标，活动也有可能顺利展开。

如果想让不参与活动的人也能理解活动的意义，并想提高项目成员的积极性，那么制定明确的目标是很重要的。

为什么一定要制定明确的目标

在制定明确的目标时，需要先明确"干多久""干什么"和"干多少"这三个至关重要的问题。只要搞懂了这些问题，任何人都能切实地理解活动的预期成果。

为什么要让人们理解活动的预期成果呢？这是一个看似不言而喻的问题，但是在制定目标时往往又会遗漏这一点。对此进行重新梳理，理由有如下三点：

①因为有必要让不参与活动的人也能理解活动的意义

一直参与活动的各方都能切身感受到，这些活动会让生产工作变得更轻松，使生产得以顺利进行。当然，可以用实际发生的小插曲的形式来介绍这些实际的变化。另外，通过现场观摩来直接展示实际的变化也是很有效果的。

但是，不要忘了这样一个事实，即大部分非当事人对活动的关心程度都比当事人低。所以不要妄想他们能认真思考当事人谈话的背景，也不要寄希望于他们花时间来认真理解谈话的内容。

为了让非当事人理解活动的预期成果，至关重要的是表达的方法。一定要在短时间内让对方抓住要点，还要让人深信不疑。其中最直接有效的三个问题就是"干多久""干什么"和"干多少"。

并不是说要让当事人以外的各方都理解活动，但公司高层能否理解活动的预期成果，与活动能否持续进行休戚相关。从这个意义上讲，能否以一种通俗易懂方式展现活动的预期成果，往往决定活动的成败。

②避免对活动目标达成度的判断造成不良影响

改进活动首先要对当前形势的好（正常）、坏（异常）进行判断，为此需要建立一个可供参考的标准。

例如，有一个岗位每小时生产80件成品，但是仅凭这一事实无法判定该岗位的运行是否正常。如果生产目标是每小时生产90件成品，那就可以认定该岗位目前存在异常。

在我们走访过的工作岗位上，由于没有相应的标准，因此无法判断该岗位的运行是否正常，每天都重复同样工作的情形颇为常见。

只有知道当前运行情况不正常，才会为实现达标而采取

仅需画一条线就能让人变得有干劲

单位时间产量的推移

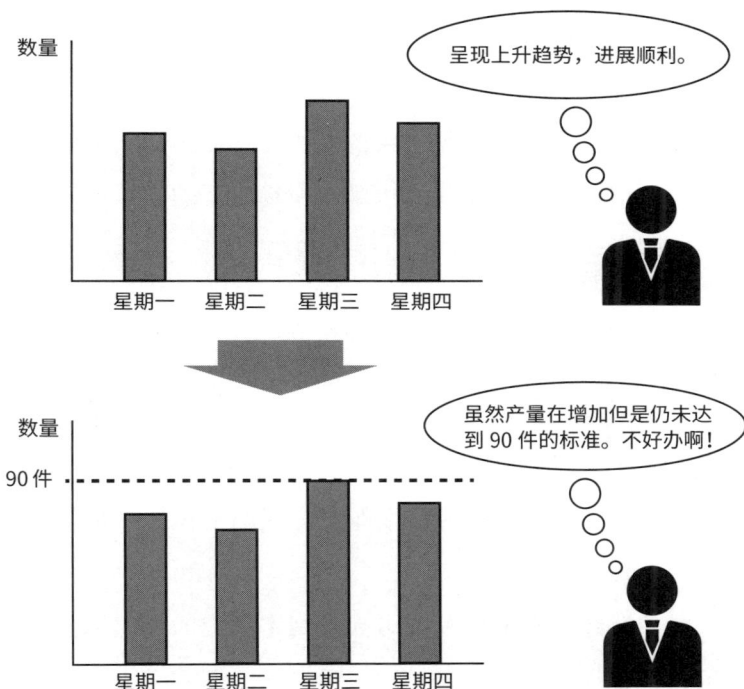

措施加以改变。同样，只有知道已经达标，运行正常，才会选择去实现更高的目标。

在人事评价中，反馈的重要性总是被反复强调，但是，如果连行动结果的好坏都无从判定的话，其后续工作便会陷入一筹莫展的困境。

③为了提升项目成员自身的积极性

这与前面两个原因也紧密相关，让当事人以外的相关人员理解活动的结果，并看清活动预期成果的好坏，有助于作为当事者的项目成员积极性的提升。

在既看重当下所取得成果的多少，又注重未来将要取得的成果的情况下，如何调动和保持项目成员的积极性是一个重要的课题。

制定明确目标时需要留意的要点

当认识到了制定一个可以让任何人都能理解的明确目标的重要性时，请牢记以下两点：

第一点，制定目标的前提即对现状的把握通常是需要一定时间的。

如前所述，眼下许多公司都未制定相应的岗位标准，对现状的把握无从下手的情形也颇为常见。即便有一些信息，也都是零碎不全的东西，无法为制定目标提供全面的参考。

例如，即便知道当天的产量，也无法推算过去一个月的总产量和每个品种的产量；即便知道一个月的总成品率，也无法推算出每天或每个品种成品率的变化。在我们提供改进指导的公司中，在活动开始时，为了把握现状通常需要花费较多工时。若是需要处理的项目繁多且没有原始数据的话，多则需要 3 个月以上的时间。把握现状对于精确地制定目标是必不可少的。如果在没有把握现状的情况下制定目标，往往会导致目标难以实现。

另一种常见的问题是，因为过度专注于活动的开展，在活动开始之际就忽略了把握现状。在这种情形下，即使取得了成果，也无法具体地阐明所取得的改进实情。请务必事先花点时间，翔实地把握现状之后再精心地制订计划。

第二点，要想方设法量化那些难以量化的项目。例如，生产率和次品率等项目的量化比较容易实现，而对人才培养、工作环境的精准量化就比较困难了。

由于难以量化的项目本身就是改进活动的目标之一，且通过活动也会发生巨大的变化，所以为了便于相关人员的理解，即便多少有些误差也要对指标实现量化管理。

对人才培养的目标也要进行量化

人才培养的目标也要尽可能地实现量化。接下来将逐步说明人才培养的重点。

第一步，明确告诉成员希望他们通过活动掌握哪些技能和行为方式。这是常常容易被遗漏的一个环节。

如果此步骤被省略掉，项目成员自身将无法切实地把握活动发展的方向，导致活动（开始—评价）期间成员的成长

行动评价表

行动评价表（负责人·自检）		评分 5.有信心完成 4.能够完成 3.一般 2.有点棘手 1.没有自信			
功能		希望采取的措施	第一次		
			评价	评价依据 填写日期 （ ／ ／ ）	评价
制定课题的能力	把握状况和发现问题	对岗位上发生的问题不能大体上把握，而要认真对待每个问题的特点和变化。通过亲自深入一线，通过"现地现物"查明导致问题发生的原因			
	分析问题和创新思维	○○○○○○○○○ ○○○○○○○○○			
	制定课题和目标	○○○○○○○○○ ○○○○○○○○○			
	对未来的预测	○○○○○○○○○ ○○○○○○○○○			
课题的执行力	选择最佳解决方案	○○○○○○○○○ ○○○○○○○○○			
	行动和决断	○○○○○○○○○ ○○○○○○○○○			
	与领导、其他部门的联系	○○○○○○○○○ ○○○○○○○○○			
	耐性	○○○○○○○○○ ○○○○○○○○○			

速度迟缓，以及突然出现对评价不满等负面影响。所以务必要事先展示活动后将要进行测评的测评表（参见"行为评价表"），并具体说明测评的时间和项目。

第二步，掌握项目成员的现状。与对岗位现状的把握一样，请务必牢记这一点。在之后的第三步中，我们将在活动之后首次对项目成员进行测评。当然，依据活动时间的长短等实际情况，也可以在活动期间进行测评。

第二步和第三步之间的不同在于项目成员的成长变化。

可以通过指标数值的变化和具体的案例让管理层了解成员们的成长情况。

第四步，通过培训、教育实现人才的加速成长。

4. 时间轴

制定目标的重点之一是划分好时间轴。接下来说明划分好时间轴的益处，以及具体的划分方法。

将目标分为不同阶段的好处

将目标分为短期目标和长期目标的两个好处。

首先，有一个长期目标，可以明确当前活动的根本意义。

例如，假设当前正在对凌乱的装配车间进行整理、整顿，其短期目标是"两个月内完成装配车间的整理、整顿"。在这种情况下，虽然知道在什么时间内应该做什么，但对于整理、整顿的最终目的是什么却并不清楚。

这时，如果有一个诸如"两年内将装配车间的交货时间削减25%"这样明确的长期目标，对整理、整顿意义的理解就不会局限于顺利地完成削减交货时间，而会被置于实现缩短生产周期这一具体成果之下。由此，大家也会产生更大的积极性，更专注于手头的工作了。

其次，由于有一个短期目标，大家都能清楚地了解当下该做的事，并可以在短时间内反复积累成功体验。

尤其是在尚未习惯变化时，需要让大家尽早摆脱对变化的恐惧心理，并切实体验到变化带来的乐趣。为此，需要的不是巨大的成功，而是"我也行"这样的小成功体验。如果能快速实现这一步，活动的进度将会得到加快。

另外，不能仅仅因为改进活动出成果了，就立即提高员工待遇。通过非金钱奖励（例如工作价值和成就感）来调动员工积极性至关重要。

因此，长期目标和短期目标各有其意义和作用。在设定目标等级时，许多企业在活动之初便制定了较高的目标，这将大大降低项目成员的积极性。为了避免这种情况的发生，不应将需要立即实现的短期目标设定为高目标，而应将其设定为经历多次活动后应该达成的长期目标。

如何划分短期目标和长期目标

接下来让我们谈谈短期目标和长期目标分别有什么作用、两者共存的必要性，以及如何划分。

主要有两种模式。

①在活动之初就要有明确的目标

可以提出希望实现的理想状态，然后为了达到这一状态，对所需改进的具体项目进行彻底排查，并将其制定为短期目标。

但是，企业制定的目标不明确，或者难以以理想的状态去应对具体的实施项目的情况较为常见。在我们的调查中，有一大半的情况是，虽然企业也认同需要努力达成自身所希望的理想状态，但是眼下能做的要么只是在步调上与业界保持高度一致，要么是竭尽全力地应对正在发生的具体问题。

②活动之初没有明确的最终目标

这种情形恐怕是较为常见的。

拿我们自身来说，有多少人对自己的职业发展方向有最终明确的定位呢？这种对未来的不明确性，对个人和企业来说几乎是相同的。这需要花费时间一步一个脚印地不断探寻，不是通过短暂考虑就能给出答案的。

在问题已经明确的情况下，通过致力于解决眼前存在的问题能够让我们逐步提高技能和眼界。

在对现状习以为常而问题本身尚不明确的情况下，可以通过寻找与其他工作岗位的差异，或者让不习惯该工作岗位的新员工、被调任过来的老员工提出疑点来发现问题。

长期目标和短期目标的表示方法

既能展现实现最终目标后的理想状态也能表明眼下的目标　　理想状态

职务	III 技能		I 可视化		培养能自主完成改进课题的人才
	专门技能	改进技能（TPS）		方针管理	
部长				制定、管理部门方针	
科长		上级 TPS 改进		制定、管理科室方针	
车间主任	熟练掌握某道工序的程度 100%	······ ······	······ ······	······ ······	能解决问题 课题研修 ······
	60%	······			······
	1 个流的生产 30%	作业要领	······	·巩固成果	
	工序流程化	5 大管理		·确认对策·效果	
		标准		·发现·挑选问题	
	5S 的重要性			·把握现状·制定目标	
	·价值观的共享	·发现·挑选问题			集体研修
	·5S	·解决问题的方法		······ ······	
	·对成本的看法				
	·改进活动的推进方法	QC 法	·发现问题 ·挑选理由		

II 解决问题的方法

第 四 章

推进：转动沉重的车轮

本章要点

本章重点讲述的是，在活动初期如何让活动的当事人即项目成员改变自身的心态和行为，让一线员工打消疑虑。为此，尤为重要的是不仅需要留意课题开展的顺序，还要确保作为活动靠山的高层和项目推动者给予活动的密切关注。

从一点一滴脚踏实地开始

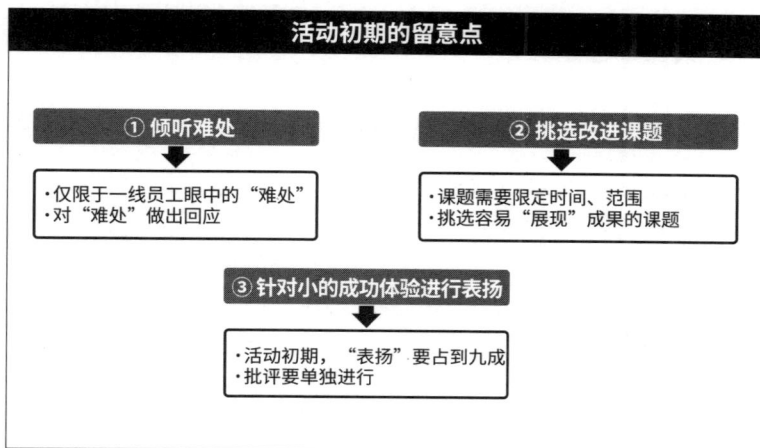

活动初期的留意点

① 倾听难处

·仅限于一线员工眼中的"难处"
·对"难处"做出回应

② 挑选改进课题

·课题需要限定时间、范围
·挑选容易"展现"成果的课题

③ 针对小的成功体验进行表扬

·活动初期，"表扬"要占到九成
·批评要单独进行

　　将改进活动称为一场心理战是毫不为过的。一线员工抵触变化，项目成员怯于挑战。能否让他们改变心态，关键在于活动之初制定的活动主题能否很好地调动他们的积极性。

1. 倾听难处

一部分工作积极性高的项目成员从活动开始时就会积极推进改进活动，但一线员工基本不会。对他们而言，工作就是"你怎么说我就怎么做"，改进活动只是"累赘"罢了。在此，我向大家介绍一种能让他们主动参与到活动中来的方法——倾听难处。以下向大家详细阐述倾听难处时需要注意的地方。

人的本性是什么

问大家一个有点唐突的问题："人的本性是什么？"请不要说场面话，也无须顾忌别人的眼光，回想一下全身心投入工作时的自己，展现自己最真实的一面，表达内心最原始的想法。

如果用一句话概括"人的本性"，大家会如何作答呢？我想会有各种各样的回答吧。下面的回答也是其中之一：

"人嘛，都是想轻松的！"

有些人，可能会常常树立远大的目标，而有的人，也许正在想方设法改变现状。无论何种情况，如果按照"轻松 = 花最少的精力获取最大的成果"这一定义来考虑的话，上述对人的本性的定义应该适用于很多场合吧。

专家研究表明，大部分人在日常生活中都是在无意识中习惯性地决定某事。

例如，从起床到出门的整个过程，如果我们要逐一思考"醒了后就起床，然后去卫生间……"的话，肯定会让自己心力交瘁的吧。

正因为我们是无意识地重复着习惯性的行为，所以做起事来才会轻松。

不光是日常生活中的小细节，在工作中，人们追求"尽可能轻松"的倾向也很明显。面对复杂的工作，有不少时候你会下意识地想："真是麻烦啊！能不能简单点啊！"或许还会"偷工省事"，省去一些原本应该做的工序吧。

实际上，我们的改进活动，就是要利用人们想要"图轻松"的这种本性，让其发挥正能量。

改进活动的本质就是"让大家变轻松的手段"

正如前文所述，绝大多数一线员工是抵触改进活动的。他们认为"这无非是要多做许多无用的工作"，因而，接受改进活动的员工少之又少。

但是，"人嘛，都是想轻松的"，从这一本性出发，如果能够让他们意识到改进活动会让自己变轻松的话，他们就会更容易接受并积极参与到活动中来的。

员工对于改进活动往往存有误解，他们误认为"改进活动会让自己比现在更辛苦"。

例如，将完成书面材料的时间由原先的 2 小时缩短至 1.5 小时。如果仅仅从结果来看，原先需要 2 小时的工作，现在被压缩至 1.5 小时，一线员工可能会感到工作强度变大了。他们会想："这哪里是什么改进啊，简直就是单纯地增加劳动强度嘛！"但是，从另一个角度来看，之所以能够在 1.5 小时内完成之前需要 2 小时才能完成的工作，正是因为找到了更加便利的方法，省去了之前不必要的环节。

所谓改进，就是要让员工比之前更轻松，同时也是"让工作能变轻松的手段"。

从倾听一线员工的"难处"开始

现在，需要请一线员工配合了。具体而言，就是项目成员倾听一线员工目前工作中的"难处"。

在这里有两个重点。

其一，需要倾听的仅限于一线员工眼中的"难处"。

丰田在实施改进活动的过程中，提出了三个有待解决的问题，即超负荷、浪费、不均衡。开展活动时，需从这三点去审视一线的生产。但第一步是要优先倾听一线员工的"难处"。

因为只有关注一线员工眼下的"难处"，才能在后续活动中获得一线员工的配合。

当指出一线员工工作中的"浪费"时，他们会觉得这是对他们工作的否定。活动当下最需要的是获得一线员工的配合。所以，请不要急着去找他们工作中的"浪费"，而要从倾听他们的"难处"开始。

其二，对一线员工所说的"难处"必须有所回应。

超负荷、浪费、不均衡

	定义	事例
超负荷	力不从心的负担	为新员工分配高难度工作
浪费	成本不断上升的原因	制作雷同文案、相同错误频发
不均衡	出现偏差	工作的忙闲决定工作的质量

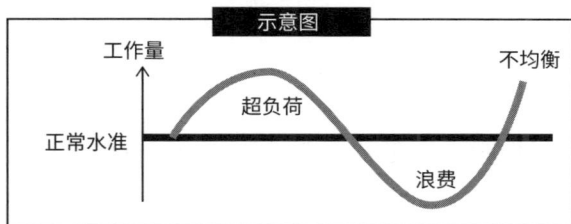

示意图

这并不是说对所有的"难处"都要有对策议案。考虑到优先顺序、预算等原因，有些时候是无法立刻建立对策的。此时，注明理由并记录商讨要点即可。

制作"难处"一览表

生产科"难点提案"活动

提案日	提案人	问题	对策	对策担当	提案人满意度
11/6	高桥	车辆摆放太紧密,导致围栏变形	安装前轮固定装置	山田	○
11/7	铃木	切割机的磨刀石外露容易造成危险	为外露部分加装防护盖板	佐藤科长	◎
11/7	渡边	抽屉中摆放物件不明	在抽屉表面标明所放物品,做到一目了然	山本	○
11/8	石川	部门单独预算表上数字太多,不方便阅读	按项目重要性正向排序,在部门的每个项目之间添加虚线	田中	△

关键点
① 每个工作岗位将问题汇总于一张纸上,做到一目了然
② 明确对策负责人,避免责任模糊
③ 建立对策后附提案者对对策的评价,避免对策负责人敷衍了事

很多一线员工本来就对改进活动抱有抵触情绪。他们觉得:"就算提了提案,也不会被当回事的。""什么也改变不了。"一旦他们克服了这种心态,鼓足勇气提出提案却得不到任何回应的话,那么在后续的改进活动中,他们是绝对不会积极配合的。

但是,如果自己的一个小提案,也能被重视的话,他们

就会非常高兴。这种喜悦会让他们积极地参与后续的活动。如果这种好的势头一直保持下去的话，那么，"我的提案，为公司做了贡献"这样的自我价值便会实现。

通过制作并公开"难处"一览表，不仅能让当事人引起注意，还会吸引周边人员的注意。

2. 挑选改进的课题

活动开始时，大部分一线员工对变化是持消极态度的。这一点在第3章中的设定目标项目里面已经向大家阐述过。

在这种状况下，面对制定最终目标需要处理的诸多问题，到底先从哪个课题开始着手会更有效果呢？让我们从改进活动的主体——项目成员的心态出发，重新思考一下吧。

与课题的难易相比，展示的方式更为重要

首先，从企业及推行改进活动的当事人的立场来谈谈。被选定为项目成员的员工深知改进活动对公司十分重要，也清楚自己备受期待。此时，即便他们的工作动力再强，也难免会心生不安："我们真的行吗？"

必须将这种不安转变成一种自信："我们行的！"

其次，再来谈谈一线员工及其他相关人员。他们不是活

动的核心，不会像项目成员那般理解活动的意义，对活动也不会有什么动机。因此，大部分人对活动态度冷淡。他们会觉得："又搞什么新花样啊！再怎么折腾也不会有什么用！无非是让我们更辛苦罢了！"

必须将他们这种不信任感转变为一种期待，即"经过改善，工作竟然能变得这么轻松啊！接下来还会有什么变化啊"！

为了消除这种不安感和不信任感，制定的课题必须能够清晰地将成果展现出来。不过，在活动初期，项目成员是不具备通过解决重大课题取得成果的技巧的。

那么，选择什么课题好呢？直言不讳地说，难易度并不是最重要的因素，能够展现效果更为重要。其中，有两大要点。

①课题需要限定时间、范围

限定活动的范围与能否在短时间内出成效直接相关。短时间内能出成效意味着项目成员和相关人员的积极性在活动初始阶段就能得以提升。

②制定容易展现成果的课题

如果需要专业的知识、计算才能理解的话，哪怕成果再大，对绝大部分人来说也是没有意义的。所以，需要选择一些容易用数字化展现出来的课题，或者从企业内部知名度较高的产品、工序入手。

推荐 5S

接下来，向大家介绍一下兼具上述课题各要素的 5S 活动。

5S 的各项定义如下图所示：

制作"难处"一览表

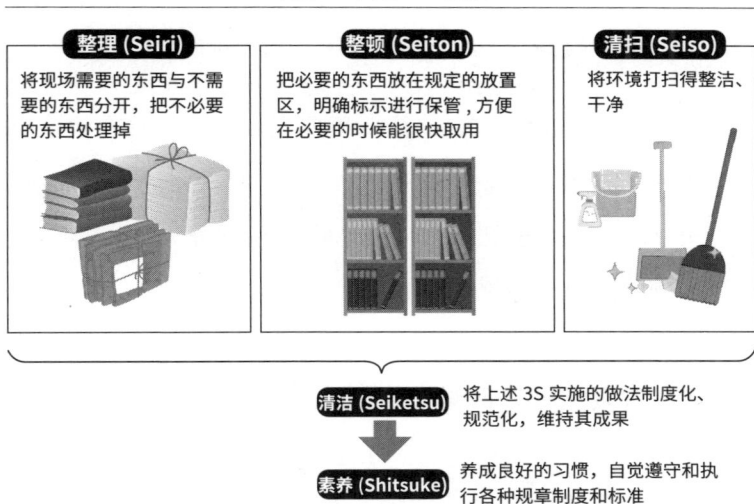

整理 (Seiri)	整顿 (Seiton)	清扫 (Seiso)
将现场需要的东西与不需要的东西分开，把不必要的东西处理掉	把必要的东西放在规定的放置区，明确标示进行保管，方便在必要的时候能很快取用	将环境打扫得整洁、干净

清洁 (Seiketsu) 将上述 3S 实施的做法制度化、规范化，维持其成果

素养 (Shitsuke) 养成良好的习惯，自觉遵守和执行各种规章制度和标准

5S 容易被误解成只是整理现有物品，就像年末家中大扫除那样。其实，5S 除了有令人心情愉悦、让环境更卫生等间接效果外，还有提升生产效率的直接效果。

另外，5S 也容易被认为是空闲时做的事。实际上，其本身就是工作的一部分，需要确保时间去完成。更为重要的是由此带来的员工意识上的巨大变化。5S 不仅能够成为改变员工意识的原动力，还能成为改变环境乃至改变组织的原动力。

因为 5S 有"能够很大程度地提升业务""容易展现成果"这两个特点，所以适合在改进活动之初实施。对象也不限于生产一线，办公室同样适用。

第一步：整理

5S 有五个步骤。在此，简要地向大家说明能够有效地展现成果的"整理、整顿"的重点。

第一步——"整理"的目标是将物品划分为有用之物和无用之物，丢弃无用之物。

大家的身边充斥着各种各样的物品，是不是每天都要从中苦苦找寻需要的东西呢？或者说，我们已经习惯了找寻，根本意识不到在此过程中花费了大量的时间。

其实，保管物品也是要消耗精力的。不仅是"找寻"，"保存""管理"也需要成本。要省去那些花费在无用之物上的成本，就要将它们统统丢弃。

"整理"首先要做的是，制定丢弃标准。可与相关人员商量后建立标准，如"n 个月不用的物品就丢弃"。然后根据

丰田现场力

这一标准，将对象区域内的所有物品进行分类，再将无用之物丢弃。

这里有两个需要注意的关键点。

①容易遗漏的角落

人们有一种心理倾向，喜欢将不愿意看到的东西藏起来。就像小的时候，每当考试分数不好时，总是偷偷地将试卷藏到抽屉最深处一样。有的时候，是不愿做出丢弃的判断，总觉得"现在用不上，但丢掉似乎也不太好，还是暂且先把它收着吧"。此外，还有一种情况，原本放在显眼处的某物，由于长时间不用，便逐渐被遗落在角落里了。像这样在不知不觉之中，在容易被人遗漏的角落里堆积了许多"无用"之物。

②"舍不得"的心态

对于按照判断标准应该丢弃的物品，有时却因为觉得"这个可能以后还会用到吧"而难以下定决心。这时，可以限定一个期限，比如"n个月后如果还没用上的话就丢掉"。有了期限，在自己和相关人员之间便能够达成共识，从而最终下定丢弃的决心。

第二步：整顿

第二步——"整顿"的目标是在需要的时候能够立刻找

到需要的东西。

经过第一步的"整理"，我们可以免去因处置无用之物而造成的精力浪费。但如何在需要的时候迅速找出所需之物，则需要我们清楚地知道该物品保管在何处。这里需要的就是"整顿"。

实施5S时，一开始就从"整顿"着手的情况时有发生。请记住，务必先从"整理"开始。

如果一开始就着手"整顿"，会将精力浪费在那些原本就不需要的无用之物上。所以，请务必按照"整理→整顿"的顺序进行。

"整顿"的首要任务是，决定摆放物品的地点（何处）、类型（何物）和数量（多少）。

此时依照的重点是"使用频率"和"省工原则"。简单地说，就是将常用物品放置于易取易放之处。

所谓省工原则，是根据作业时身体所受负担进行的分类，其中只需稍微动动手就能触碰到的操作范围为"正常作业领域"，需要伸手等大幅度动作才能触碰到的地方为"最大作业领域"。例如，桌面上是"正常作业领域"，抽屉深处则是"最大作业领域"。如果需要离开办公桌才能触碰到的操作范围，则是超出了上述两种情况的作业领域。

据此，可以制定如下标准：每日频繁使用的物品可置于桌面或柜子的易取之处，一个月用不了几次的物品可放入部门共用的柜子之中。

定下"置于何处"的标准后，须予以明示。划分区域线提示"放置场所"是行之有效的方法。具体实施时，工厂里可以使用油漆，而办公室里则可以使用塑料胶带、隔断箱等加以明示。如此一来，物品是否置于规定之处就一目了然了。

至于"放置何物"，可以通过照片提示的方法对摆放样式做出直观的要求，这种方法效果明显。摆放样式指的是在放置场所通过线条等刻画出物品的形状，将其位置形象化易于固定。这样一来，"放置何物""有无此物"便一目了然了。

"放置多少"则可通过区划线等明示放置场所保管量上限等方法进行明确区分。

好不容易制定出来的物品放置标准，在执行上首先要确保传达到相关人员。尤为重要的是尽可能简单明了地传达上述方法。

通过"整理""整顿"提升生产率

经过"整理""整顿"，岗位环境焕然一新。可利用的空间变大了，作业所需的空间变小了。

在我公司以前的客户公司中，不乏通过实施公司内部5S，使得作业所需空间变小，进而无须花费高额费用租借外部仓库的案例。另外一个案例是一家公司在实施5S之后，随着物品的减少，之前被遗忘的窗户竟然又重见天日了。

更重要的是，员工们一直以来认为理所当然的"找寻"物品的行为大大减少，可以毫不费力地找到他们需要的东西。换言之，业务生产力得到极大提升。能取得这样显而易见的改进成果正是我们之所以推荐在活动之初实施5S的理由。

3.针对小的成功体验进行表扬

前面两点着重阐述了在活动初期选择课题的必备要素。在此将就活动中高层应当承担的职责进行说明，着重谈谈对项目成员心理层面的支持。

项目成员要想向前迈出新的一步，需要很大的勇气。很多时候，即便迈出了这一步，也会因周围人员的漠不关心或者消极抵制而导致活动无法顺利展开。此时，作为高层，需要站在项目成员身后不断支持、鼓励他们，让他们能够以积极的心态继续推进改进活动。

这里有两个重点。

活动初期，"表扬"要占到九成

活动初期，绝大多数项目成员是没有什么自信的。因为活动的成果尚未显现，他们无法切实感受到活动的意义。另外，他们还容易被周围那些对活动漠不关心、有抵触情绪的相关人员孤立。

如果将项目成员一直置于此种环境之中，他们就会变得越来越消极。

此时，高层需要做的是，对项目成员取得的小小成功进行表扬。当然，要求相关人员配合参与也是领导应尽的职责，这一点可以在后续活动拓展时一并实施。

无论如何，项目成员是推进活动的核心。所以，首先要将让项目成员满怀自信地推进活动定为最优先的课题。

"表扬"的目的是让项目成员的自信"从无到有"。特别是在"项目成员职务低""改进活动经验不足""活动难度高"的情况下，更需要特别留意寻找契机"不吝表扬"。

另外，要将表扬的效果最大化，要尽可能地在会议、报告会等公开场合进行当众表扬。当然，一对一地表扬效果也很好。但是，当项目成员感受到周围的人以敬佩的目光关注自己时，受到表扬的喜悦之情也会倍增。此外，当众表扬还能释放出一种信息，即公司内备受瞩目的高层也很关注活动，这也能起到提升活动重要性的效果。

如果高层找不到表扬的材料，可以从对活动更为了解的项目带头人或项目推进者处获取。

在我们的客户公司中，就有高层会以各种理由亲临一线，他们事先听取培训专员对活动状况的汇报，然后在报告会等公开场合再对项目成员予以表扬。

案例⑲
对毫无经验的员工要多表扬、少批评，
以鼓励促其成长

M公司是一家海产品加工企业，10年前在中国设立工厂，同时拥有日本、中国两处生产基地。受东日本大地震的影响，日本生产基地受到毁灭性打击，因此，在中国的工厂成了唯一的生产基地。

一直以来，中国工厂的生产模式是不断投入人力以保证生产的运转。但是，用工成本的高涨导致企业成本上升，另外，年轻劳动力的减少又造成了招工难，这些都迫使企业需要最大限度地发挥现有员工的工作积极性。该工厂为了构建可持续性的生产体制，实施了改进活动。

活动的核心是中方的项目成员。由于他们本身就是老练

工，对自己的一线工作经验颇有自信且并不希望生产一线发生改变，故而对改进活动持否定态度。而且，他们的改进知识几近于无，甚至连电脑基本操作都没有接触过。可以说，对开展改进活动，他们完全是新手。

在此情况下，为了让他们认识到活动的重要性，培训专员请求日本总部派遣高层来中国直接参与改进活动。日本总部欣然接受。在为期半年的改进活动中，派遣了两名工作人员轮流常驻中国工厂。项目成员感受到总部的决心，慢慢认识到了改进活动的重要性，对改进活动也变得积极起来。

但是，项目成员并不了解改进活动，即便他们认识到了活动的重要性，也无法通过改进活动立刻取得成果。为了让他们能够顺畅地理解改进活动，培训专员在指导方法上狠下功夫。只要他们取得进步，哪怕是一个小小的成功，也会不吝表扬。

比如，讲解针对一线员工的教授法。一直以来，该厂的新人培训基本都是以新人"边看边学"模式为主，没有认真地进行过"言传身教"。所以，培训专员首先通过讲解"折纸鹤"的方法，让大家体会认真传授技能的好处。在讲解"折纸鹤"方法的同时，让大家切实体会到什么样的教学方法能够让对方更容易理解。

培训专员通过所有人都能理解且基本没有语言障碍的

"折纸鹤"的方法教学，让中方成员可以顺畅理解相关知识的同时，还唤起了他们的学习兴趣。而提升项目成员的兴趣，对让他们理解贯通相关知识又是非常重要的。

同样，当项目成员面向一线员工开展改进活动时，也考虑到了他们的实际情况。

一线员工多为外出务工人员，其中有些人目不识丁。不识字的新人一般无法理解那些以纸质文字形式出现的"作业要领书"，这些纸质的东西有时可能会成为妨碍新人提升工作熟练度的阻碍。为此，在常规的纸质要领书之外，还录制了视频要领书，方便一线员工灵活使用。

综合考虑项目成员、一线员工等当事人的素质之后制定方法，使他们成为活动顺利开展的支持力量是十分必要的。

往年由于人员流失大，春节开工后的生产效率一般都会大幅度降低。通过半年的改进活动，新人提前熟练地掌握了技能，进而顺利地恢复了节后生产。一年间，削减了超过1000万日元的成本。更可喜的是，那些在活动初期还是新手的中方项目成员也取得了长足的进步。日本总部高层领导甚至向他们发出邀请，请他们在日本工厂重建时去支援日本。

通过此案例，我们了解到，培训专员固然有不可替代的作用，但高层的激励能够极大地提升项目成员的工作动力。

批评时需要注意的地方

表扬的目的是为了提升项目成员的积极性。但是，想要进一步推进改进活动，光靠表扬是不够的。

如果有什么改善意见能够更好地推进活动，或者对活动中偷工减料行为的批评，哪怕当事人听着刺耳，也要直言不讳地提出。在丰田，领导与下属间的交流，有一层"关照"的意味。具体而言，就是注重"表扬""批评"和"关注"这三点。

正如前文所述，"表扬尽量在人前"。但是批评时，如果不是特别事件，基本上是个别批评。因为批评本身就容易引起负面情绪，"人前批评"更容易将负面效果扩大化。

另一方面，如果从安全或对客户负责的角度出发，对那些绝对不允许出现的失误或者偷工减料行为，还有那些需要引起众人警觉、防止再发生的事项，都需要公之于众。只是这些时候，除个人恶意而为等极特殊情况外，其他批评还是不点名为宜。

案例 ⑳
好事全员共享，批评单独进行

　　此案例发生于一个自治体下的 N 机关。该政府机关面临两个课题：一是随着提供丰富就业岗位和财政税收的产业急剧萎缩，财政减收的压力加大，需要职员从思想意识上改变对工作的看法。二是机关办公场所即将搬迁，新场所的面积只有如今的 2/3，需要缩减办公面积。在此背景下，该政府机关组织实施了 5S，致力于物品的削减和提升职员的革新意识。

　　对改进活动，该政府机关高层及改进活动的当事人——科长助理持积极态度，但年届退休、仍秉持老传统的科长阶层却有抵触思想。虽然高层说过不用考虑科长层面，但考虑到活动必须得到他们的配合，培训专员还是制定了一套能让科长们也参与进来的活动体制。

　　但是，仅仅将科长们编入体制是无法真正得到他们的配合的。因此，又为他们安排了具体的岗位职责，由科长助理负责活动的实际推进，科长负责验收活动的成果。

　　仅仅这样，不免会令科长们产生"被逼无奈而为之"的感觉。为此，"科长助理向科长单独报告活动情况"的模式被"科长亲自下达活动的相关指示和建议"取代。这样一来，便将当初对活动持抵触态度的科长阶层带入整个活动中来了。

N政府机关与一般企业有所不同，晋升制度十分严格。即便工作再努力，也很难有制度外的晋升，更不会有金钱报酬方面的补贴。此外，改进活动覆盖8个部门，部门间的横向竞争意识很强。因此，改进活动通过活用部门间的竞争意识而非金钱报酬的手段推进展开。

首先致力实施的是将各部门的改进事迹在机关内网公开。此种做法能凸显各部门间的差异，增强竞争意识，带来积极的效果。这使得那些之前不主动参与活动的部门也不甘落于人后，开始逐步推进活动了。

一直以来"谨小慎微"的工作作风导致机关内没有表扬的习惯，因此这种公开先进事迹的行为本身对组织成员而言就很新鲜。部门或当事人因为"先进事迹"被表扬，工作积极性大幅提升，在弥补非金钱奖励手段的不足上也取得了巨大成功。

另一方面，对活动中仍需改进的地方，采取的是培训专员去各个部门单独反馈的模式，不在内网公开。这样一来，既保证了改进意见的传达，又能最大限度地照顾当事人的情绪。最终，形成了大家都希望做出一个"被表扬的先进事迹"的良好风气。

改变项目成员的思维定式

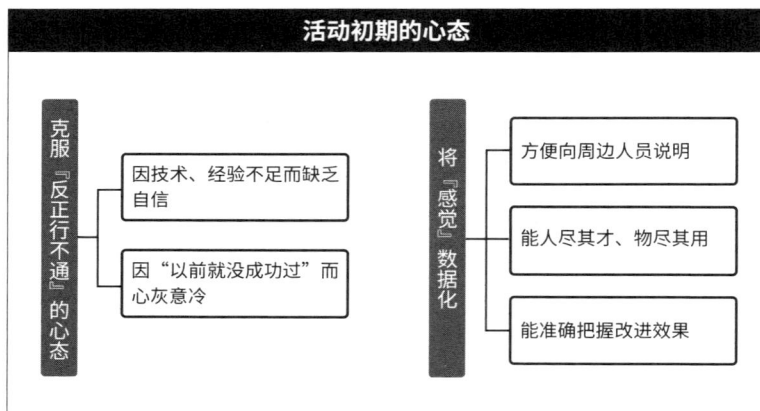

活动初期的心态

克服『反正行不通』的心态
- 因技术、经验不足而缺乏自信
- 因"以前就没成功过"而心灰意冷

将『感觉』数据化
- 方便向周边人员说明
- 能人尽其才、物尽其用
- 能准确把握改进效果

　　正如前文所述，在改进活动开始时，作为活动核心推进活动进展的项目成员，自身也没有做好万全的心理准备。本节将从聚焦项目成员心态的角度探讨在活动初期应该如何让他们的心态发生积极的变化。

1. 克服"反正行不通"的心态

在活动开始时，项目成员会有一种认为活动"反正没戏"的典型心态。他们对能否改变现状或让情况变得更好持怀疑态度。

如果缺少满怀热情的销售人员，再好的产品也无法成功上市。同理，无论改进活动的着眼点怎么好，没有成员的全力配合，也是无法取得良好成效的。对"反正没戏"的心态不应存有偏见，有必要做的事是，让当事人在活动迈出第一步时，就要想着"怎样才能做好"。

这种心态在活动初期、中期乃至后期都很重要。活动初期实施的5S等课题，需要在短时间内出成果，并且要让项目成员和相关人员能够切实感受到这些成果。

随着活动的深入，也会出现一些从着手实施到改进完成相对耗时的课题（工序复杂、难度高）、不容易切实感受到成果的课题（一个试点岗位的改进成果有限，涉及改进的工序繁多，改进效果不易察觉，成效不易量化）。

也就是说，随着活动的深入，有待解决的课题不再是轻而易举便能达成目标的课题，而是必须具备"一定要完成"的坚定意志，并通过百折不挠、坚持不懈的努力才能完成的课题。考虑到活动中期后课题的变化，"怎样才能办得到"

这样的积极心态至关重要。

如何养成这种心态呢？我们试着从项目成员的不同特性来思考一下。

因技术、经验不足而缺乏自信

这一点经常体现在那些工作经验不足的年轻人或对改进活动试点岗位不够了解的人身上。

他们推行活动时的"障碍"不是反对或不相信活动内容，而在于对自己没有信心。虽有向前迈出一步的意愿，却又畏惧失败。

对此，行之有效的办法是降低他们的失败风险。这些人大多是年轻人，他们富有挑战精神、敢闯敢拼，且没有被不良的现状腐蚀，对活动也不抱成见。减少他们对失败的不安，可以最大限度地发挥他们的这些特性。

具体而言，非常有效的做法是获得那些能够弥补他们不足的项目培训专员或老练工的支持。

我们的某个客户企业在开展改进活动时，让年轻人和老练工组队。在需要尽快出成果时，以熟知一线的老练工带队、年轻人辅助的形式推行活动。此时，项目成员也由对改进岗位十分了解、能够立刻形成"战斗力"的员工担任。

与此相对，针对有充裕时间或失败预案的改进活动，则以年轻人带队、老练工辅助的形式推行活动。此时，项目成员由不同群体组成，涵盖不同部门、年龄、经验值，这样能够更好地做到集思广益，拓展思路。

虽然在改进活动中主角由谁扮演因具体情况而异，但是，为了打消他们对失败的顾虑，最好设置一个辅助性职位。

而对实施的课题，正如前文所述，以在短时间内能够"展现"成果的课题为宜。如果能够通过成功体验建立起自信，他们对活动的态度就会变得更加积极。

因"以前就没成功过"而心灰意冷

前面的例子大多是针对年轻人的，他们对活动本身心存不安。而接下来要谈的是老练工，他们在很多时候给人的感觉则是"冷眼旁观"。

在他们心中，一方面对改进活动不抱希望："年轻时我也曾热情洋溢地做过许多改进工作，可到头来不也什么都没改变嘛！"另一方面对活动还抱有一丝不安："多年积累的工作经验、能力才换来现在的位置，一旦改变，岂不危险了！"

这种心态让他们认为现状不过就是过去的延续，从而对"变化"本身，也就是"改进活动"本身，持消极态度。

另一方面，他们也对常年工作的生产线、岗位抱有感情。正因为这种感情和自身的位置，让他们想一直保持现状。

针对他们的有效对策是依赖他们。因为他们所顾虑的并不是所有的变化，而是那些对自己好不容易得来的位置构成威胁的部分。如果能确保变化不会危及他们的位置，那么得到他们的配合就会变得容易得多。

在案例⑳中，年届退休的科长阶层是改进活动的"抵抗势力"。通过让他们参与活动，也就是在保证他们面子的基础上，给他们安排一些职责，他们变得积极配合了。能否将"抵抗势力"转化为强有力的"队友"取决于方式、方法。

从长远来看，改进活动需要他们的配合，所以首先一定要设法取得他们的支持。事实上，他们对一线工作的深刻见解以及他们所拥有的人脉就是宝贵的资源。活动中需要制定哪些课题，可以充分利用他们的"问题意识"及"擅长领域"，听取他们的意见后再行决定。

这样一来，改进活动就不仅不会对他们的地位构成威胁，反而会令他们的地位更加巩固。

案例 ㉑
护理人员怒斥"高龄者与汽车不可相提并论"

O公司在关东地区开设有数十家护理院，但它面临着行业的普遍问题——招工难，以及因护理服务需求的日益增加而使员工身心疲劳的问题。护理院陷入了员工失去工作动力、合适员工难以招聘的困境。

该公司高层为了减轻员工的负担，提升他们的工作动力，决定实施改进活动。选出约10名30多岁的项目成员，以他们为核心着手开展改进活动。

活动开始时，基于对护理工作的自豪和对护理一线的了解，项目成员在思想上对活动有所抵触。他们的观念是："照顾老年人和丰田生产汽车可不一样！护理是需要根据每个人的情况分别对应的，可不能像流水线那样千篇一律"！因为护理员每天工作都很忙碌，项目成员也担心自己推行的改进活动能否被护理员接受。

虽然认识到了减轻职员负担和提升工作动力这一活动目标的必要性和重要性，但起初他们对改进活动是抱有怀疑态度的。

了解到项目成员的此种心态，并在和他们商谈之后，制定的课题是"5S"和"改进作业"。

实施5S的试点场所选在浴室和污物间。通过活用前述的"整理""整顿"等手段，削减了88%的保管品，并取得了成功。同时，为防止再发生之前那样整理好后没多久就乱成一团的情况，更是从制度上建立规定，以保证5S的持续开展。

另一方面，在改进作业时，一般的生产一线多以主要工序作为改进对象。但该公司的主要业务是提供护理服务，需要单独一一对应，所以挑选了餐前准备和餐后清洁等间接服务作为改进的试点。一直以来，作为主要业务的护理服务有规范手册，但作为次要业务的间接服务没有规范手册，每位员工的工作方法和耗时都有很大的差异。

因此，在参照最熟练员工的工作状况并经过反复改进之后，制定了标准，并以此为规范进行培训。最终，员工之间的作业时间差和整体作业时间大幅降低。这样一来，用在护理业务上的时间增加了，护理的质量也得到了提升，从而达成了改进活动的目标之一——提升工作价值。

当初对活动持怀疑态度的一线人员在取得了显而易见的成果，并得到了来自顾客的感谢之后，对改进活动变得积极起来，也开始从一直认为"就这么回事"的日常业务中主动寻找需要改进之处。

另外，还有人表示，一直以来为了完成当日的工作每天都会疲惫不堪，现在每天都想和项目成员一起努力推进新的活动，每天都过得十分充实、快乐。

　　一开始此改进活动只在一家护理院试点，后来为了更进一步推广改进效果，其他护理院也纷纷开展改进活动。而作为核心的项目成员们，则在各护理院间奔走忙碌。

　　考虑到当事人的想法和岗位特点而实施的改进活动，能够将项目成员原本消极的心态变得积极起来，从而增强活动的推进力。

2.将"感觉"数据化

　　项目成员心态的积极变化，开启了改进活动的马达。然而，想要确保活动保持正确的方向，还有一个需要留意的重点，那就是一定要养成收集数据的习惯，不要凭经验或感觉中的"总觉得……应该是……"去推进活动。这一点，对熟悉试点岗位，有技术、知识、经验的项目成员来说，是个尤其容易忽略的盲点。

　　对于改进活动，重点是要通过搜集数据，确认现场、实物的实际状态正确把握现状。

经验有时也会妨碍问题的解决

一旦发生问题，大家会以何种流程去解决呢？

当问题在自己熟悉的领域发生，我们应该会按照过去的经验来决定应对方式。虽然我们不完全否定过去的经验，但仅仅基于以往经验来应对当下问题，有时候会陷入一个巨大的陷阱之中。

依赖经验所做出的应对有其高效的一面，因为它可以让我们将精力集中于以往行之有效的对策上，不需要经过各方探讨去商定对策，能做到在问题发生后快速响应执行对策。

但是，即便是经验丰富的人，也不可能做到面面俱到。即便是过去解决问题时的最佳方案，也有可能难以应对现状，或者有一定的效果，但对策的投入与收效不成比例，甚至发展到最后，只在自身所在的特长领域解决了一些问题。

比起深思熟虑，人们更倾向于尽快付诸行动。越是有自信的人，往往也越希望亲自上阵去做些什么。接下来向大家介绍某位培训专员在丰田时的故事吧。

那时，他作为一线负责人负责组建新车生产线。该新车备受市场瞩目，因此需要生产线长期保持高效运转。由于员工对作业内容不熟悉，经常出现因发生问题而不得不将生产线暂停的情况。

他试图凭借自己的经验提升生产线的运转率，所以也和其他工作人员一样下流水线找寻应对方法。上司看到后对他说："你要下流水线的话就一直待在那里吧，这样你也就解放了！"

听了这番话，他非常生气，觉得自己的付出没有得到认同。后来仔细一想，才意识到自己上司的意思是，"作为领导，不应在生产车间苦苦思索应对之策，应当考虑的是如何有效地预防问题的发生"。

仅仅凭借经验和壮举来应对眼前的状况是无法从根本上解决问题的。

收集数据的好处

丰田所有员工入职后需要立即掌握的技能就是解决问题。解决问题不仅是一种工作能力，在丰田，它还是实践"现地现物""团队合作"等丰田模式的手段。

解决问题的具体步骤如下图所示。重点是第一步"明确问题"和第二步"把握现状"。甚至有培训专员曾说过，这两个步骤可以解决80%的问题，可见其重要性。

这里需要重视的是通过数据把握现状。简单地说，在第一步时，需要从工作目的的角度思考最终的理想状态，进而

解决问题的八个步骤

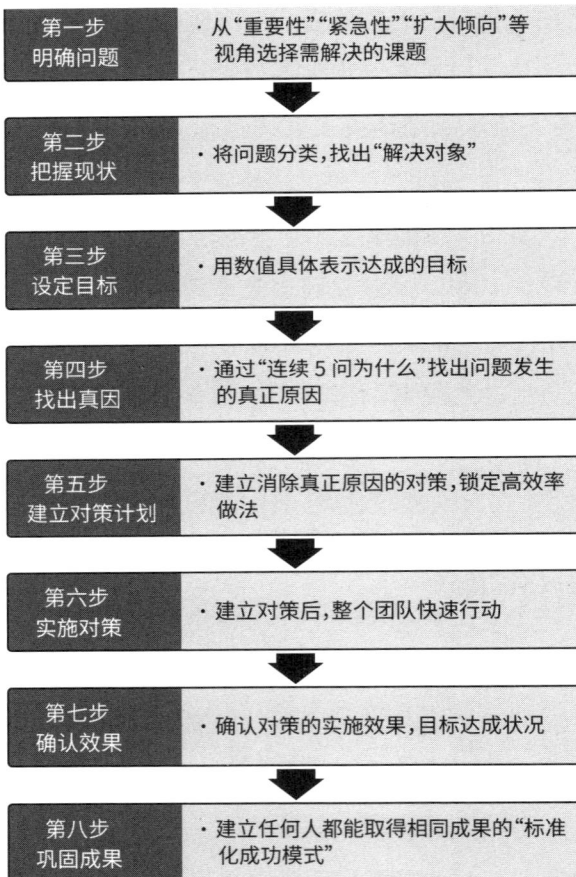

第一步 明确问题	· 从"重要性""紧急性""扩大倾向"等视角选择需解决的课题
第二步 把握现状	· 将问题分类,找出"解决对象"
第三步 设定目标	· 用数值具体表示达成的目标
第四步 找出真因	· 通过"连续5问为什么"找出问题发生的真正原因
第五步 建立对策计划	· 建立消除真正原因的对策,锁定高效率做法
第六步 实施对策	· 建立对策后,整个团队快速行动
第七步 确认效果	· 确认对策的实施效果,目标达成状况
第八步 巩固成果	· 建立任何人都能取得相同成果的"标准化成功模式"

丰田现场力

确认这种理想状态与现状之间的差距。

以客服部门为例。该部门的终极目标是"客户零投诉"，但现阶段，如果每月都出现10起投诉的话，那么这种终极目标和现状之间存在差距的状态即可理解为"有问题"。

在第二步时，则需要从不同视角出发将"问题内容"进行分类，从而制定最佳的"改进目标"。我们继续以客服部门为例。找到"问题"后，将每月发生的10起客户投诉按照"顾客""产品""部门""担当"等不同标准进行分类并采集数据。通过这样的"数据化"过程，锁定当前的问题和需要改进的对象。

那么，这样的"数据化"对解决问题有什么好处呢？请看以下三点：

①方便向周边人员说明

活动的支持者不会拥有同参与者一样的经验和感觉，或者说，他们并不像当事人那般上心，有时他们会希望当事人的说明时间越短越好。

为了获得他们的理解和配合，需要向他们提供通俗易懂且便于他们当机立断的活动信息。从这一点上来说，数据是一个强有力的"武器"。

②能人尽其才、物尽其用

有时候，我们收集数据后会发现问题多发的地方与当初预想的不一样。在这种情况下，对策当然也就会随之改变。通过搜集数据正确把握问题，能够将时间、人力等宝贵资源分配到最佳场所。

③ 能准确把握改进效果

改进效果指的是活动前后状态的变化。但是，即便是5S，有时也会出现初始记录缺失，无法把握活动开始时的状态的情况。如果无法正确把握活动前的状况，也就无法计算出活动取得的效果。这样一来，就无法判断实施的对策有无效果，也不知道是否有必要继续增补对策。而且，即便取得了良好的效果，也无法向周边人员展示。

但是，也并不需要从一开始就要有完整的数据记录，特别是在办公室等场所，很多时候从一开始就没有数据记录。这时就需要从收集数据开始做起。哪怕是简略的数据也好，先从能把握活动概要的数据着手。

案例 ㉒
数据能让我们看到出乎意料的事实

在整合兼并急速加剧的银行业，P公司需要尽快强化自身体制。

但是，该企业施行的是以总公司为核心的单一集中体制，这就造成了企业上下视既定章程为金科玉律的倾向十分严重，因此，大多数人安于现状，对改进态度消极。此外，由于银行业对错误采取零容忍的态度，所以在日常工作中，双重、三重确认成为常态，每当发生问题时，总是陷入反复确认的恶性循环之中。

在此背景下，P公司以两大课题为中心开始全力实施改进活动。一是缩短融资交付周期，以强化业务与销售的优势。二是减少柜台业务加班，以便从现有人员中抽调人力从事销售、外联工作。

虽然员工从事着处理与金钱相关的数字工作，但他们却不可能用分秒来把握自身的业务。所以，首先通过对业务进行录像和解析，让他们养成通过数据把握现状的习惯。紧接着，针对以往只用文字、数字记录数据的倾向，为了能一目了然地把握现状，培训专员还在"表格化"上下了一番功夫。

在此基础上，在对第一项课题——缩短融资交付周期的业务时间进行筛选时，发现问题集中在处理ATM机占用了部分日间业务时间。进一步对ATM机的处理内容进行分类后，发现其中补充现钞、处理硬币和因机械异常而停止的情况占了绝大多数业务时间。

因此，P公司调整模式，将之前需要耗时补充现钞、硬币的操作改为每天开业前实施。这样，基本就不需要占用日间业务时间了，每月可以从中节省120分钟。

对机械异常停止的问题，P公司搜集了停止原因的数据，发现其中绝大部分是因混入异物导致的。对此，P公司打破了"不准向客户提要求"的惯例，在ATM上张贴了醒目的注意告示。结果，担心的客户投诉事件并没有发生，ATM异常停止的次数也大幅减少，每月可以从中节省180分钟。

与此同时，针对第二项课题——减少柜台业务加班，也通过收集数据、发现真正原因两个步骤开展了活动。最终，与活动开始时相比，加班量降低到了原来的1/3。

在这些对策中，有些可以通过职员的亲身体验来理解，也有一些只能通过收集数据才能看清方向。只有这样，才能克服一直以来凭感觉处理问题的"差不多"心态，从而通过收集数据、发现真正原因的方法，让活动沿着正确的方向扎实有序地推进下去。

第 五 章

横展：让活动高效

开展起来

本章要点

　　活动初期的目标达成之后，接下来就要将这个目标扩展到更高的层次、更广的范围。因此，我们的项目还有很多事情需要做，比如夯实项目内部基础、与高层步调一致、宣传活动成果等。

与相关人员共享活动状况

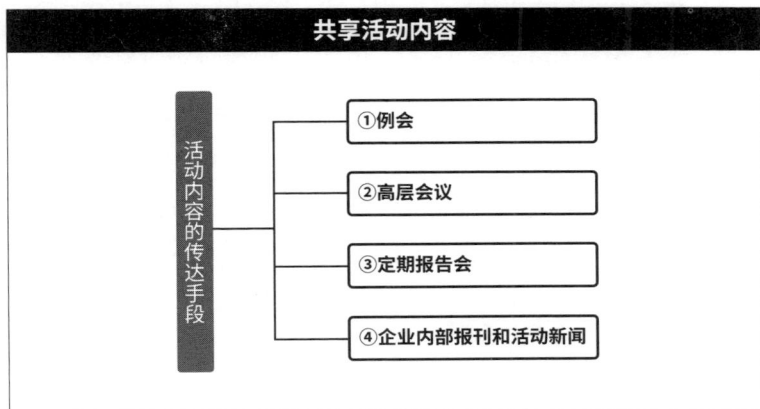

在推进项目活动的过程中，除了核心的项目成员以外，还存在着多方相关人员，比如项目推动者、高层领导、试点部门的相关人员，以及未来有可能要将活动拓展到的相关部门的人士等。若想将活动的推进与展开得到落实，信息的共

享是必不可少的。

　　在这里，我们将相关人员进行分类，逐一介绍共享活动状况的方法。这些方法包括"例会""高层会议""定期报告会""企业报刊·活动新闻"等。接下来，我们逐一讨论。

活动状况的共享场所

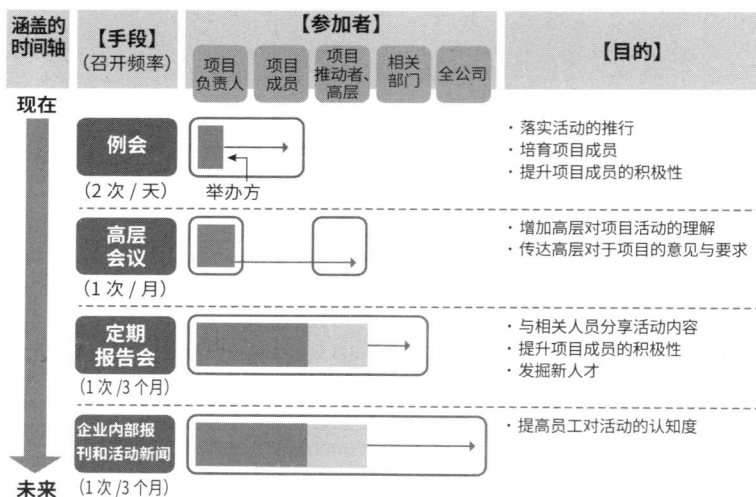

涵盖的时间轴	【手段】(召开频率)	【参加者】					【目的】
		项目负责人	项目成员	项目推动者、高层	相关部门	全公司	
现在	**例会**(2次/天)	举办方					·落实活动的推行 ·培育项目成员 ·提升项目成员的积极性
	高层会议(1次/月)						·增加高层对项目活动的理解 ·传达高层对于项目的意见与要求
	定期报告会(1次/3个月)						·与相关人员分享活动内容 ·提升项目成员的积极性 ·发掘新人才
未来	**企业内部报刊和活动新闻**(1次/3个月)						·提高员工对活动的认知度

1. 例会

　　作为当事人，项目成员间稳定的团队配合是项目活动顺利开展的大前提。为了相互之间的信赖以及目标的达成，每个人都要相互配合、协调行动，立足自身岗位，做好本职工作。此时，项目例会是个重要的手段。

例会的三个目的

早会、晚会等项目例会主要有三个目的。

①落实活动的推行

具体可以分为"共享现阶段的活动内容""发现问题"以及"决定对策"。活动初期，项目成员会一起行动，但随着活动的展开，多半会演变为成员各自担当一个课题的形式。

因此，在例会上共享活动内容，既是把握其他人所负责课题的开展情况的珍贵机会，也是对项目团队保持一致性的一种促进。对当事人来说，可以将例会视为活动的统筹机构，通过例会来调整活动开展的步骤。并且，例会中相关人员齐聚一堂，也能快速制定问题的对策。

一般认为，项目例会的目的仅此而已，其实它还有另外两个重要的目的。

②培育项目成员

例会中的"说明活动状况→明确问题点→确立对策方案"这个过程非常适合项目成员体会并掌握"循环改进"的方法。即使对象只限定于项目内部，项目成员也可以通过例会练习如何向第三方通俗易懂地传达活动内容。通过反复练习，即使在更大规模的报告会等场合，也可以顺利地向第三方传达信息。

③提升项目成员的积极性

在活动初期成员会汇集在一起，但随着活动范围的扩大，成员之间也会慢慢分散开来。在应对更高难度的课题时，从着手到完成需要很长的时间。此时，向同一目标前进的项目成员齐聚一堂这一事实本身，就会提升每个成员的积极性。

例会的要点

接下来，介绍一下例会的要点。

关于例会的召开频度，我们的客户企业一般都是每天两次，分别在开工时和收工时召开。当然，伴随着活动范围的扩大，需要在其他岗位开展活动时，"灵活运用电视会议""降低召开频度"等调整也是有必要的。

最初例会的出席者一般以项目成员为主，后期再根据项目目的增添与会者。比如，想要鼓舞项目成员的士气时，可以适时请高层领导列席。此外，随着活动的扩展，需要其他部门作为协助者参加例会，若相关负责人因事不能参加，则可以请其上司代为参加。此举对项目活动的开展也是颇为有益的。非项目成员的协力部门往往对项目活动的参与度不高，例会召开时，要求该部门中的负责人必须出席，并在其缺席时要求其上司代为参加，这不仅能让其对项目活动更有责任感，而且因为实际上的裁决者多为其上司，也可以促进该部门对活动内容的理解。

关于例会的内容，开工时的早会和收工时的晚会是不同的。早会上应该汇报当天需要着手的工作及其目的。很多活动最初是有目的的，但是随着活动不断深入，往往会偏离原本的目的。对活动内容不断微调也会让活动偏离原本的目的。

不断重申目的，让本人及听众都对活动内容有没有偏离原本的目的进行实时确认，也能让大家养成在开始活动时先考虑目的的习惯。

另外，当生产一线的问题堆积如山时，行动力强的人往往会不断采用解决眼前问题的方式处理问题。这本身并不是坏事，但是从对项目成员能力的有效利用这一角度来讲，原则上应该从优先度高的问题着手。如果可以明确目的，在对诸多问题的改进中也可以事先排除掉不属于项目的内容。

晚会上则应该分享当天的工作成果及问题要点。

分享问题时，最好能当机立断定下解决问题的方向。分享问题不仅是为了迅速实施对策、推进项目，也是为了项目能够顺利向其他部门横向展开做准备。

目前在试点岗位发生的问题，也有可能会在项目活动横向展开的部门再次发生。事先把握好问题，不仅可以防止其再次发生，而且即使发生了也可以迅速做出应对。

除此以外，在例会中加入"一分钟演讲"的环节也很有效。这是我们很多培训专员在客户企业都会实施的一个环节。一般除了时间为一分钟以外没有任何限制，主题是自由的，从项目活动到时事新闻，或者是私生活方面，任何话题皆可。

一分钟演讲的目的有两个，一是通过了解彼此所思所想来促进大家的一体感，二是练习在人前发表自己的意见。

刚开始吞吞吐吐的项目成员，半年后就可以流畅地表达自己的意见了，这样的案例举不胜举。还有的客户企业不满足于普通的形式，将写有主题的纸条放到盒子里，通过抽签来临时决定演讲主题并发表即兴演讲。此外，对项目带头人来说，一分钟演讲也是了解项目成员所做所想的宝贵机会。

项目带头人的作用

在例会上，项目带头人尤其需要注意以下两点：

一是要当机立断地对各个议题分别做出应对。不是在所有成员的汇报结束后进行总结，而是在各个成员提出忧虑及问题时立刻给予回答与意见。这不仅可以防止应对出现疏漏，对发言者进行单独具体的回应还可以增加成员的信服感与安心感。就像在表扬时具体指出"在某点上做得很好"的效果会更好一样。

二是要积极灌输此举能让其他成员也受益匪浅的观点。这样的积累即使与眼下的活动没有直接关系，也可以不断提升项目整体的品质。

2. 高层会议

随着活动的进展，项目成员通过不断学习、改进技能，可以自主地推动活动的进行。另一方面，随着活动范围的扩大以及跨部门间活动的开展，活动对企业整体的影响也会扩大。此刻，企业高层与项目在方向上的一致就显得尤为重要了。

高层会议的两个目的

高层会议的目的有以下两个：

目的一是为了让高层理解项目活动的现状。每天的活动内容都会通过邮件或报告书汇报给高层。但是，这是所谓"虫的视角"。对高层来说，比起详细把握各个活动的具体内容，更重要的是对活动整体的达成度，以及现阶段还没有显现出来但在未来有可能发生的问题的把握，也就是要有所谓

"鸟的视角"。

比如，假设我们现在正在着手精简 A 工程，并且开展得很顺利。但是我们的最终目标是缩减全部产品从准备材料到产品出货的整个出货周期，而现阶段我们正在生产的产品只占全部产品的两成左右，这已经稍稍落后于预期目标了。而且，由于材料供应商 B 公司发生多起不良品问题，整个工程的进度受到影响，这个问题也亟待解决。

如果高层能够准确及时地把握上述信息，就能意识到自己身为高层必须要给予支援，并提前做好必要的准备。

高层会议的另一个目的是让项目方理解高层的意见与期望。

如前文有关项目例会的内容所述，要在明确目的的前提下推进活动。因为当事人即使在有意识的情况下也会偏离活动原本的目的，因此由高层提出的理性意见就会成为修正方向的宝贵机会。

即使项目在朝着设定的目标前行，由于企业内外环境的变化会导致方向性以及重要课题发生变化，项目与企业的大方向之间也会产生间隙。

前文提到，保持项目活动与企业在方向性上的一致是非常重要的。因此，高层会议提供了与能够俯瞰整个企业的高层进行交流的场所，同时也为项目活动保持与企业方向性一致、修正活动方向创造了一个珍贵的机会。

高层会议的要点

高层会议一般按照每月一次的频率召开，每次有以下两个要点：

一是要依据活动的稳定程度来调整召开的频率。我们的客户企业中也有在活动刚开始时每两周召开一次的实例。目的是增加高层与项目的磨合，确保方向性的一致，增进对高层意图的理解。等活动趋于稳定后，再降低召开频率。

二是要事先决定召开的日期。企业高层非常繁忙，当其没有将项目的高层会议视为自身不可推卸的工作时，高层会议的召开日期就会被不断地推后。

在我们过去的案例中，由于高层会议的推延导致项目活动难以推进的情况有很多。为了避免活动陷入恶性循环的死结，一定要确保会议按时召开。

在我们的一家客户企业中，培训专员驻点期间自不必说，在培训专员离开后，由项目成员独自开展活动时，依然制作了半年的日程表，并将高层会议的召开日期写在上面。由此可见高层会议定期召开的重要性。

关于出席者，因为在会议中也会涉及与项目成员的人事情况相关的话题，项目方只需项目带头人出席即可。因此，为了做出合适的报告，项目带头人必须提前把握好活动的进度、成员的成长度以及主题等内容。

高层会议的内容

接下来，将按照高层会议的两个目的——"宣传项目方的信息"和"把握高层方的要求"分别介绍高层会议的内容。

"宣传项目方的信息"的主要内容有"项目的目的""目标的再确认""现阶段的进度""出现的问题"等几项。

其中最重要的是通过分享信息来获得高层的支持和帮助。随着活动的开展，时常会出现需要请求其他部门或者拥有特殊技能的人员给予援助的情况。活动初期只需要出身一线或临近部门的项目成员的协助即可，但当活动拓展到横展部门时，系统、采购、生产管理等部门的协助就变得缺一不可了。此时项目带头人直接的求援可能会被拒绝，这时候就需要企业高层出面做工作了。

"把握高层的要求"的主要内容有"对以往活动内容的认可"与"对今后活动的要求"两项。

项目活动多半独立于普通业务，并容易受到周围的干扰，因此项目成员很容易陷入不安状态中。若能得到高层支持这一后盾，项目成员也就能提升自信，安心地致力于开展活动了。

在下文中将要提到的"定期报告会"之前召开的高层会议，也一定会事先商量好报告的内容。为了最大限度地利用好报告会，将其作为向企业上下展示项目活动的舞台，在言论上确保项目与高层保持一致是非常重要的。

3. 定期报告会

在"例会"与"高层会议"两部分，主要介绍了这两种会议的目的，即维持活动的正确方向和确保活动取得切实成果。接下来谈一谈在经历以上步骤并取得一定成果之后，为了让活动取得更大的成果而实施的定期报告会。

定期报告会的目的

定期报告会主要有三个目的。

①与相关人员分享活动成果

报告对象的相关人员指的是以决定活动实施的高层为中心，再加上现阶段协助活动进行的部门以及未来的横展对象。相关人员中包含了未来的横展对象也许会让大家感到一些意外。

对于报告内容的活动成果，其一指的是活动直接取得的改进成果，需要着重强调如何顺利地完成了在活动开始时与高层商定的目标。

这不仅是为了向肩负活动最终责任的高层完成汇报的义务，也包含了对协助活动开展的一线员工的感谢。换句话说，就是回顾过去。

如同在本节开头提到的，"为了让活动取得更大的成果"，报告会的着眼点不应只限于过去，还应面向未来。让现阶段与活动不相关的人员了解到活动的内容与成果，也是为了将来能够顺利地在他们的部门或岗位上开展活动而做好准备。

另一个活动成果指的是项目成员的成长度。在第一章中提到过，改进活动的一个目的是为了培养人才。从直观的角度看，现阶段活动取得的改进成果必定会备受瞩目。但是，从长远来看，培养人才所带来的价值才是更大的。

现阶段项目成员的成长，对展现未来活动的潜力也是至关重要的。与不断贬值的设备与系统不同，通过改进活动培养出来的人才的价值，在未来是不会贬值的。

②提升项目成员的积极性

为了准备报告会，需要将活动开展以来的实施情况整理出来，这当然不轻松。但是，通过报告会不仅可以向众人展示已取得的成果，还可以获得来自企业高层的赞许。因此，对项目成员来说，报告会就是一个展示风采的舞台。

为了通过报告会最大限度地提升项目成员的动力，高层及项目推动者应当事先抓住成员的闪光点予以表扬鼓励。特别在活动初期，比起提要求，更应该在夸奖上下点功夫。

③发掘新人才

这一点也许让大家稍感意外。事实上，如果把我们公司大多数的客户企业的负责人对报告会的感想浓缩成一句话的话，他们会说："我们公司里竟然还有如此优秀的人才！"

工龄长、年龄大、职位高的职员往往是日常业务的主力和核心，而年轻人及女性则是默默地从事着一般的例行性工作。

在改进活动中，往往是那些不满现状、渴望变革的年轻人及女性更为活跃。正是看着他们在报告会上发表报告时的生动姿态，企业负责人才会发出上文中的感慨。发掘出这样的人才，对提升企业的效能尤为重要。

定期报告会的内容

建议以每三个月一次的频率召开定期报告会。如果半年一次，会让前文所述的目标达成进度变慢。若每月一次，不仅会让报告会的特殊感降低，还会让报告会的准备成为日常的负担。如果实在需要如此高频度召开，应按照会议内容的多少将会议分为小会和大会来区别召开。

关于出席者，应以项目成员与高层、项目推动者配合试点岗位开展活动的相关人员为主体，在此基础上，依照会议目的增添与会者。如上所述，如果今后想要拓展活动，则可增添相关岗位、部门的人员。如果有对活动持强烈抵抗情绪的员工存在，也可邀请他们来参加，此举有利于促进他们对活动意义的理解。

为了提升项目成员的士气，做好对外宣传工作，我们的客户企业中也有邀请当地权威人士、金融机构的相关人员、自治体的相关人员出席的案例。这种面向企业内外广发邀请的定期报告会，最好由高层亲自出面发出邀请。

关于报告内容，基本内容应该包括"现阶段的改进成果""当下的课题""今后的日程安排"这三项。

应该注意的要点之一是，要让项目成员自主思考活动的宣传点。

项目成员是被寄予期望在未来引领组织、成为企业核心的人。可以说，他们的能力就体现在他们能有多少志同道合并愿意共同努力的伙伴。因此，从长远来看，报告会是很好的锻炼机会，因为它需要项目成员自己主动思考汇报的内容以及如何表达。高层不应该面面俱到地下达指示，而应该尽量将权限下放给项目成员。

第二个要点是，报告会上不能只是平淡地汇报活动的内容，而应将项目成员在活动中遇到的困难以及千方百计寻找解决方法等饱含感情与意志的内容添加进去。这样一来，就能让听众了解到活动并不只是为了完成组织下达的任务，而是项目成员发挥主观能动性积极自主地开展的。

第三个要点是，报告会应该在会议室或生产一线这两个地方召开。在会议室汇报完概要之后，再去一线确认实际落实情况。通过直接深入开展活动的一线的落实，参加者能够对活动有更加切实的理解。

另外，在生产一线进行报告，还可以让更多的协助者备受瞩目。在会议室中只有核心成员才有做报告的机会，但在生产一线，前文所述的协助者中的年轻人及女性也可以获得发言的机会。而且，将他们与项目成员携手推进活动的姿态展示出来，有助于活动在今后的横展中获得更多的协助者。

4. 企业内部报刊和活动新闻

信息共享的第四个方法是，利用企业内部报刊和活动新闻。与前三项不同的是，它对信息的发布对象有着更为深远的影响。因此，需要认真下一番功夫。

通过长期积累提高认知度

在企业内部报刊上刊登活动状况的目的是为了提高活动

在企业内的认知度。换言之，是要让尽可能多的企业员工，包含现阶段与活动毫无关联的员工，都能认识到改进活动是企业正在致力于开展的一项重要活动。

在本章中，介绍了四种活动状况的共享方法，其目的及内容如上所述。接下来我们来思考一下它们各自在活动时间轴上所处的位置。

第一种只有项目成员参加的例会和第二种由项目带头人与高层、项目推动者参加的高层会议，都是以发现、应对现阶段问题为中心来直接推动项目开展的。从时间轴上来看，可以说是着重于当前正在开展的活动。

第三种的定期报告会在推动现阶段活动开展的同时，以现阶段可预见的未来为视点增添了参与者。可以说是以不久的将来为目标的。

而第四种的企业内部报刊和活动新闻，则是在推动现阶段活动开展的同时，就已经锁定了未来几年的目标，即现阶段参与活动可能性很低的其他岗位上的职工，借此来加深他们对活动内容的理解。

关于企业内部报刊和活动新闻的开展，应该在理解上述各种信息共享方法在时间轴上的功能差异的基础上来进行。也许会有这样的想法存在："手头的工作都已经忙不过来了，还要去撰写登报的新闻，这对活动开展也不能立见成效啊。"

在此需要说明的是，企业内部报刊和活动新闻不仅是面向当下正在进行的活动，还面向未来将要开展的活动。

内容需简洁、易懂

在上述前三种方法的适用对象中，大部分人对活动内容的关心度与理解度没有太大的差距，因此采用了需花费一定时间详细共享活动内容的形式。

企业内部报刊和活动新闻的发布有所不同。因为有些人对活动的内容毫不关心也不愿了解。要提高他们对活动的认知度，需要注意以下要点。

首先，要尽可能选择覆盖面广的媒体，这对扩大认知度非常重要。如果有企业内部报刊，在企业内部报刊里开设项目活动专栏是最好的。通过企业内部报刊进行宣传报道，也能够增强职员对活动重要性的认识。若没有企业内部报刊，则可以采取由项目成员自己撰写相关报道，再由高层向企业内部发布的方式进行宣传。

由项目成员单独制作一份企业内大部分员工都会过目的媒体，会给他们造成非常大的负担。因此，不应完全依赖项目成员，还应该借助一些现有的系统、道具，或者依靠高层的力量，在力所能及的范围内灵活运用周围的各种资源。

其次，在内容上应当尽可能地精简项目，使用通俗易懂的表达方式。"希望利用这个难得的机会，尽可能多地传递一些信息"这种想法可以理解。但是，企业内部报刊上活动新闻的读者对活动的关心度和理解度是参差不齐的。

再好的信息，如果需要集中精力、花费时间去仔细解读才能理解，那么大部分读者都会将其置之脑后。因此，在文章的长短上，要尽量做到能引起那些对活动不感兴趣的人的注目；在内容的表述上，要尽量做到让那些对活动毫不知情的人也能轻易理解，这样的表达方式极为重要。

举个例子，同样是媒体，电视的特点是可以将事情简明扼要地进行报道，而某些专业报纸或杂志则很少用照片和图表，而多以文字进行详尽的报道。与此同理，一定要谨记受众的关心度与理解度是存在差异的，并以此为前提撰写宣传文稿。

持续定期地发表是最重要的，所以应该设定切实可行的发表频率。最少应保证每三个月发表一次。细水长流地持续报道即可。

即使每次的信息量有限，但随着日积月累还是可以达成提升认知度这一目标的。

案例㉓

活用报告会与企业内部报刊，将活动拓展到全公司

Q公司是一家拥有约500名从业人员的食品制造企业。该公司是从制造部门的"削减包装工序中的浪费""提高生产效率"等4个课题着手开展改进活动的。半年后活动扩展至制造部门的所有科室以及一些事务部门，开展的课题增加至10个。一年后活动扩展至营业、市场、人事、总务等所有部门，开展的课题增加至35个。

Q公司活动的扩展速度在我们的客户企业中算是名列前茅的了，取得如此成绩的关键是其对项目现状所做的密切通报。

谈及报告会，Q公司的高层是这样说的：

"在定期举行的报告会上，其他部门的相关人员一定能看到制造部的成长。而且，各部门部长在部门会议上，也能亲身体会到制造部部长在看问题的角度以及发言内容上的积极变化。'这样下去的话，自己的部门会被甩开差距'，大家都会有这样的危机感吧。"

另外，在活动刚开展时，该企业便通过每年发行4次的企业内部报刊来宣传活动的状况。在企业内部报刊头条部分的企业高层留言栏里，每次都会刊登高层对活动内容的点

评。在岗位教育专栏里也会确保数页的空间，配以照片与插画来生动地介绍活动的状况。即使活动课题已发展到接近40个了，企业的报道方式也没有改变，针对每一个课题的内容、进度、成员都会有简短精彩的报道。

课题不断增多，生产不能停顿，让所有员工都去参加报告会是不现实的。正好可以利用企业内部报刊为这些不能出席报告会的员工提供理解和把握活动进展状况的机会。

据高层所言，在活动的扩展过程中，之前仅仅关注自己手头的业务，或者只关注自己所在部门工作的员工也逐渐发生了变化。

"员工通过在报告会上听取大家在各自课题上付出努力的汇报，相互了解了各自真实的工作状态后，自身的意识也产生了变化，能够树立全局意识做好自身工作了。我感觉公司内部派系山头林立的情况已经得到了彻底改变，为了共同的目标，企业上下各部门能紧密地团结在一起了。"

如上所述，报告会与企业内部报刊成了扩展活动的重要手段。

让抵触、漠不关心的员工也参与其中

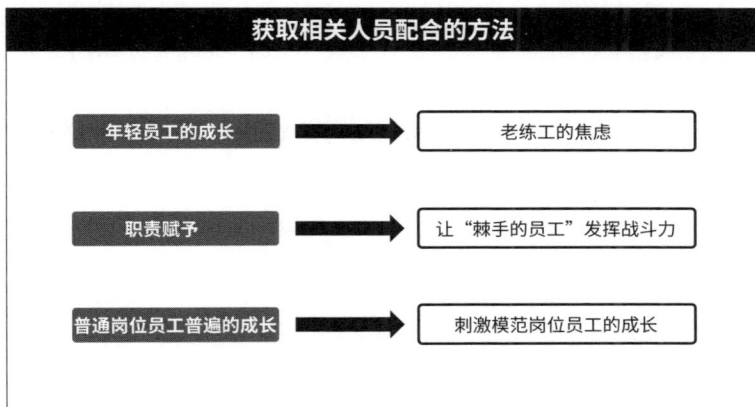

获取相关人员配合的方法	
年轻员工的成长 ➡	老练工的焦虑
职责赋予 ➡	让"棘手的员工"发挥战斗力
普通岗位员工普遍的成长 ➡	刺激模范岗位员工的成长

　　项目成员心理状况发生变化的那一刻才是活动真正的起点。在生产实践中，项目成员以积极的心态不断吸收新知识时，活动的车轮才算正式启动。

　　活动的开展是以项目成员为基础的，但是无论项目成员多么优秀、多么有干劲，活动仅仅依靠他们也是不可能开展下去的。关键是能够获得多少相关人员的协助配合。在活动的开展中，能够不费劲地获得相关人员的协助当然是最理想的，但是在现实中，往往颇费周折的情况居多。

在这里介绍三种让相关人员参与活动的方法。

1.新员工的成长会让老练工倍感焦虑

如前所述，"以往都是这样过来的，没必要强行去改变"。这种难以走出过去的意识是阻碍改进活动的一个重要原因。

就像经济学里"风险回避"概念所提到的，比起获得新事物的喜悦，人们对失去已有事物所带来的恐惧与伤痛的感受要更强烈。

因此，越是拥有辉煌业绩、熟悉现有操作规范的人，越有可能抗拒开展活动。即使高层下达了改进指示，如果有自信的话，他们也不会直接服从指示的。

实际上，在我们指导过的客户的生产一线，就有老练工强烈阻挠活动开展的实例。其中包括一些离开他们生产一线便无法正常运转的老练工，以及工龄达到30年、即便是领导也无法随便训斥的老练工。

这些老练工的抵抗还会让信服他们的员工也加入进来，

形成一个强大的抗拒势力。一旦出现这种情况，在活动初期将很难从正面让这些抵抗者参与活动。

针对这种情况，下文将介绍一个利用年轻人成长的对策。

不要正面批评，而要旁敲侧击

在确定项目成员人选的时候，如果侧重的是"积极面对改变"这一特质的话，那么人选中的大多数将会是非骨干的普通年轻员工，他们无论是在年龄还是在经验、技巧上都与老练工形成了鲜明的对比。

刚开始，老练工对他们开展的活动都是冷眼看待的。虽然新员工很反感，但是还不能正面与老练工对抗。

随着活动逐渐取得成果，新员工将会赢得一线员工的信赖以及高层的夸奖。这个时候，老练工就会逐渐开始感到焦虑了。

因为组织里的"顶梁柱"这一位置，本来是属于老练工的。本以为微不足道的活动竟然开始成为威胁自己位置的存在。在面对这一现实时，即使在初期对参与活动表示抵抗的他们，也会不由自主地发生变化。

案例㉔
新员工的成长迫使老练工做出改变

R公司是一家拥有约200名员工的精密仪器制造商。因为总经理的领导风格比较强势，公司处处充斥着一种等指示、听命令的氛围。

最初是在特定的岗位上进行活动试点的，由于一线员工无法理解活动带来的变化，活动因受到抵制而搁浅。半年之后，又以全公司为对象，将一部分强烈抗拒变革的管理层排除在活动之外，以还未沾染旧价值观、积极面对改变的年轻人及女性员工为中心重新启动了改进活动。

由于企业利润不断下滑、盈利转入赤字所带来的危机感，让此次活动在全公司得以顺利开展。一年后，由于活动内容得到了客户的认可，订单大幅增加。与此同时，与培训专员同行一个月，对生产线和一线员工的现状有着全面理解的原总经理的儿子升为新的总经理，高层与一线同时完成了新老更替。

对这个状况感到焦虑的是管理层，他们深切体会到了变化的必要性，并最终自发恳请参与到活动中来。为了让老练工能够更自主地参与活动，在活动初期实施了"意愿的可视化"（参照案例⑰）。老练工通过活动，明确了自己的岗位要求以及活动设定的目标。在活动趋于稳定的过程中，管理层在给予员工协助配合方面也起到了很大的作用。

如案例所示，通过耐心的旁敲侧击，活动初期的抵抗势力也可以转化为活动的"引擎"。

给老练工留下挽回的机会

强行逼迫老练工参与活动，并不能让他们真正地把力量发挥出来。正如新员工的长处在于他们善于接受变化、善于灵活变通一样，老练工的长处在于他们在公司内拥有丰富的人脉和经验。

项目成员的选择方式不囿于"新员工—老练工"这样的年龄区分，只有让公司全体员工各尽其才，活动才能扩展开来。

案例㉕
如何应对新员工的自负与老练工的自卑

S公司在公司上下全面开展了改进活动。他们采用的是以组长为核心，各部门以解决问题的方法为切入点，自行制定活动课题的方式开展活动。在反复学习并实践前所未有的新知识的过程中，组长级的员工得以不断成长。

其结果导致在组长级员工与其上司科长级员工之间出现了"科长—组长"反转的现象。因为在解决问题时，科长无法给其下属组长提出建议了。这种情况有可能会引起科长级员工丧失自信以及组长级员工自信过度的问题。

为此，培训专员以解决"科长—组长"间的反转问题以及培养未来的活动推进顾问为目的，组织了以科长级员工为对象的管理职位研修活动。在研修活动中，让他们用与组长级员工同样的手法来解决自己岗位上存在的问题。通过半年10次的研修活动，4名固定成员通过反复讨论，力争对活动内容做到精益求精。

通过此举，"科长—组长"间的反转问题得到了完美解决。而且，让科长级员工身兼活动的推进顾问的准备工作也基本完成。

不仅如此，此次研修不仅让最初的目标顺利达成，还取得了另外三个成果。

一是员工能够精益求精地查找自己所在岗位上存在的问题并寻找解决对策。如果再将其他岗位员工的看法融入的话，将会为活动找到更好的切入点。

二是对其他部门的业务内容加深了理解。与以往没有机会去考虑其他部门的业务内容及问题相比，通过加深对其他部门的理解，可以更好地了解自身岗位在企业中所处的位置。

三是获得了在有限的时间内向第三方简明扼要地说明事物的能力。由于平常的交流大多限于同一个岗位之内，即使表达上有一些暧昧，对方也能够理解。但是，在面向无共同语言的第三方说明事物时，就需要在表达方式上下一番功夫了。在反复的说明与讨论中，员工的这一能力逐渐得到了提升。

该公司的科长级员工对活动的推行并无抵触。但是，在是否有抵触之外，真正值得关注的是，要做到人尽其才，能给不同员工提供最适合其发挥自身才能的机会才是必要的。

2.让"棘手的员工"发挥战斗力

如前所述，对一直以来工作顺利，为了维护自身在企业中已有地位而不愿做出改变的员工，需要有相应的方式、方法。本节内容也很特别，将针对工作不顺利、面对诸多事情习惯于拖延抵抗且被周围人冷落的"棘手的员工"，介绍相应的方式、方法。

越棘手的人，越有可能成为活动的中坚力量

无论是在我们的客户企业，还是在培训专员曾任职的丰田的生产一线，都有因不愿服从组织方针而被视为"棘手的

员工"。这样的员工在企业里获得的评价一般都很低。

然而，我们的培训专员往往会给他们很高的评价。第三章中提到了"相关人员强烈抵制的情况"，在此与之相呼应，介绍几例培训专员对他们的评价。

"能顽强抵抗、不随波逐流，这对没有信念的人来说是做不到的。而秉持信念，正是自主思考的证据。不管信念与思考的内容正确与否，能自主思考的人，未来一定会有一番作为。"

"我在丰田工作时就曾公开说过，我们不需要任劳任怨的部下。诚然，死守上司指令的部下是非常好管理的，但那恰恰也是此人毫无思考的证据。这样的员工是不会进步的。"

"被周围的人视为棘手的人，都是有主见的人，只是因为他们不擅长交流而被敬而远之。只要有人愿意耐心地倾听他们的想法，为他们架设沟通的桥梁，这些秉持主见的棘手员工一定能成为组织中强有力的引擎。"

如上所述，乍看起来很令人头疼的人物，一旦把他转化为自己的伙伴，就能比顺从的配合者发挥出多出数倍的力量。

要仔细倾听员工的想法，认真解答他们的疑惑

要想将他们转化为伙伴，关键就在于要与他们正面沟通。因为他们有自己的想法："一线应该这样。""本人会这样去解决。"所以，首先应该做到的是倾听。如果他们对公司的方针存有疑问的话，应当尽力去解释说明使其理解。

对一直以来在公司中遭受冷遇的他们来说，一旦能被正视，就会容易打开心扉。在前文对"自信的人"所采取的对策是，不从正面，而采取旁敲侧击的方法。相比之下，对棘手的人，一定要采取正面沟通的方式。

在满足了他们的需求后，就轮到我们来行动了。虽然大家的最终目标都是希望"让工作环境变得更好"，但采取的方式却不同，问题往往也都出现在这里。面对此种情况，应当在适当采用他们的意见的同时，邀请他们为活动的推行贡献力量。

这样的话，一直未受企业重视的他们，甚至会连"赋闲"期间的精力都一齐使出来，为活动助力。

在这里需要注意的是，在对他们提要求的时候不能操之过急，他们想要的是倾诉的对象，如果跳过这一步直接提要求，就会重蹈覆辙了。

欲速则不达，在第一步"与他们正面沟通"时，一定要多花些时间。

案例㉖
经过层出不穷的问题的历练之后，
成为强有力的带头人

T公司是一家汽车部件生产商。该公司的改进活动在经历了初期的乱象之后，开始慢慢步入正轨。在培训专员每周的培训日，以项目带头人为首的成员甚至会蜂拥至培训专员住宿的宾馆，就改进活动中的各种疑问与不安进行深入透彻的交谈。

该公司的项目推动者曾说："要好好地利用晚上的时间去请教培训专员。"员工们也确实落实了这句话。

即便活动势头如此强劲，也有项目成员以"注重私生活"为由，连恳亲会都不参加。他是该公司少有的中途入职的员工，常常对培训专员提出别的成员无法理解的极其尖锐的问题，并且经常说："因为资源有限，力不能及的事情就是做不到。"还断然拒绝培训专员及项目带头人提出的指示。

对这名员工，培训专员认为要将他与其他项目成员区别对待，彻底做到单人专办。因此，从两名培训专员中选出一名来专门处理他的情况。

培训专员在倾听他的想法之后，发现他对活动的抵制并不是毫无理由的，相反，这种抵制是基于他对导入新模式所带来的弊端进行了深思熟虑之后才做出的。举例来说，在导入丰田生产管理模式中的"看板"模式时，他表示出了这样的疑虑："T公司并不能和丰田采取同样的标准化生产，如果直接导入'看板'模式，一定会发生各种各样的问题。"

其实，他对物流领域的改进有着不同寻常的思路和点子，但是由于说话方式过于直接，并且格外看重效率，从而导致他与周围的摩擦不断。如此一来，他也就无法将自己的想法与周围人分享了。

对这样的状况，培训专员的对策首先是回答他所有的疑问。培训专员在遇到自己专业以外的编程方面的提问时，会提前做好功课。如果对方需要详尽的回答，培训专员甚至会回到自己曾经任职的丰田公司寻找答案。不仅如此，在他特别关注的物流领域，甚至会通过提出一些他也未曾想到的点子来与他进行正面交流。

在经过这样一番交流之后，他的姿态逐渐发生了变化，最终成为引入"看板"模式的旗手。他不仅自主完成了所有的日程调度，还把与供应方就引入"看板"模式进行对接的任务也一手揽下了。如上所述，虽然为了让他协助活动的开展花费了较长的时间，但一旦转化成功，他就会成为活动强有力的"引擎"。

3. 激发"优秀部门"的积极性

最后介绍一下针对在活动初期就被定为模范的"优秀部门"的应对方法。

如果特定部门一直保持一枝独秀会怎样

在改进活动的初始阶段，往往会选择在当下问题最多的部门或工序进行试点。从企业整体的生产效率考虑，这样的决定是合理的。

但是，随着活动实施对象（部门）的成长，原本无须进行改进的部门也会成为改进的对象。也就是说，整体中的"短板"会随着时间推移而改变。

改进活动往往选择在特定的岗位上进行试点，其结果会让原本在企业中处于低水平的岗位变身为表现突出的存在。关于这种情况，大家有何感想呢？

改进活动的结果会导致各部门间的差距发生变化，这是无法避免的。但是，如果任其发展，有可能会给企业带来负面影响。这并不仅限于生产一线，在办公室等岗位中也是一样的。

首先可以预料的情形，是企业整体的生产效率已经达到上限。

短板工序的推移

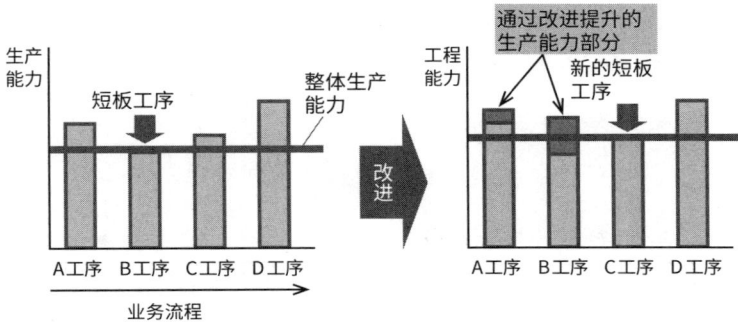

一般情况下，单独一个部门是不可能完成业务的，大多数业务都是在企业内外相关人员的协助配合下完成的。例如，在生产线上，即使前一道工序的生产效率提升了，如果后一道工序的生产效率低，无法消化前一道工序已经完成的任务，库存就会不断增加。在另一种情形下，营业部好不容易拿到了订单，如果出货部应对不及时，也会造成服务品质的下降。

由此可见，企业的整体生产效率的上限是由效率最低的部门所决定的。如果不能让所有部门都得到平衡提升，整体的生产效率就很难得到提升。

第二种可以预料的情形，是在生产效率得到提升的岗位上，其生产过程会不断碰到意外的麻烦。在某道工序的岗位上实施改进活动时，对工序内能够应对的问题实施了改进，但对起因于其他工序的问题就无从应对了。

例如，我们对设计部实施改进。为了缩减设计图的制作工时，在岗位内部开发了可以顺利检索过去图样的系统。但是，如果在设计之前的一道工序发生了营业部频繁修改图样的问题，生产效率就会降低。这时，就需要得到营业部的配合，尽量避免出现修改图样的情况。

但是，如果改进活动还没有拓展到其他工序，那在多数情况下是无法得到相关协助的。本来有助于提升生产效率的关键问题得不到解决，改进活动只能被搁置一边。可见，如果不能得到其他部门对改进活动的配合，原本大都可以削减掉的浪费又只能等待下次机会了。

第三种可以预料的情形，是在某些工序上好不容易才出现了改进的效果，但其水平会逐渐下降。

与周围相比表现突出的岗位，本应该在企业整体中成为改进的典范。但是，成绩突出的岗位在向周边岗位提出协助要求时往往得不到响应，在人际交往上也容易被周围的人孤立。这样的状况如果任其发展的话，成绩突出的岗位上的员工的热情也会逐渐降低，最终又会回到改进活动之前的状态。

如上所述，如果特定岗位成绩突出的状态一直持续的话，那么很有可能会造成比较遗憾的结果。

让优秀部门参与活动的诀窍

以往的优秀部门是怎样看待曾经的问题部门不断成长的呢？

最容易预想的情形是，会出现这样的误解："问题部门终归还是问题部门，他们肯定无法超越我们。"或者表现出这样的傲慢："我们自己做得好就行了。"事实上，优秀部门即使看到了曾经的问题部门已经飞快成长，他们也无法从曾经的优越感中摆脱出来。这样的案例举不胜举。

要想让这样的部门参与到活动中来，应当先让他们知道曾经的问题部门以及周围的部门都在成长，如若停滞不前会有怎样的后果等着他们。

在丰田，每个月都会召开一次关于生产效率的会议。与会者约 100 人，包括制造部门的领导以及各工厂负责生产的管理层。会上不仅有与生产一线相关的各种数据以及相关课题的汇报，还会走出会议室，实际走访其开展改进活动的现状。走访后的内容会由相关负责人发送至所有工厂，这样改进活动就会立刻在各个工厂里横展开来。

越是优秀的部门，越不愿意去单纯效仿别的部门所开展的课题。即便如此也要学习其他部门的实际经验，因为如果不能以更快的速度进步的话，生产的车型就有可能被别人抢走优势，让自己所在的企业难以在竞争中立于不败之地。由此可见，保证让其他部门的努力时刻可见，对活动在部门间的横向展开是非常有效的。

上述方法如果行不通的话，更换活动负责人也是让优秀部门参与活动的一个方法。

现实中会出现活动负责人在理性上明知是自己的部门拖了后腿，但因感情上无法接受而维持现状的情况。

考虑到职位关系，往往会指定年龄大、经验丰富的领导作为活动的负责人。但如前文所述，老练工对改变一般都是比较消极的。与此相对，老练工下面的中坚层与年轻层则会在看到周围部门的现状发生改变之后感到焦虑。这时，由高层做出对中坚层与年轻层放权的决定，让他们来负责活动的开展也是一个不错的方法。

丰田现场力

第 六 章

扎根：通过防倒退机制
使活动持续、稳定地开展

本章要点

改进活动即使取得了一定的成果，如果放任自流的话肯定也会回归原样。活动的推行与落实扎根是两个完全不同的概念。只有高层有意识地进行活动体制的建设，建立相关机制（即防倒退机制），活动才有可能持续下去。

改进活动的定型与后进的培养

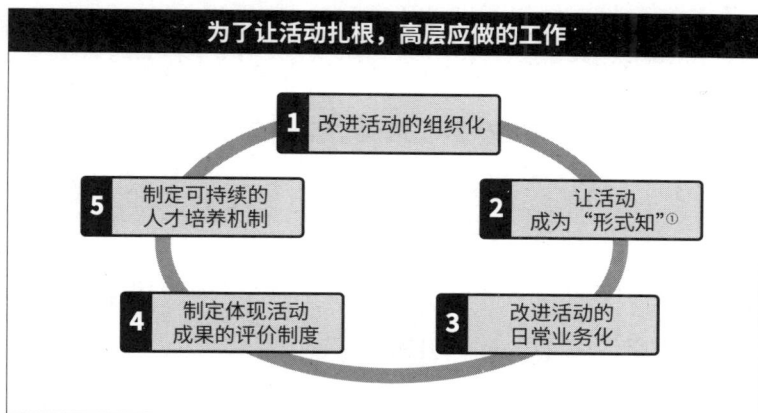

为了让活动扎根，高层应做的工作

1 改进活动的组织化

2 让活动成为"形式知"①

3 改进活动的日常业务化

4 制定体现活动成果的评价制度

5 制定可持续的人才培养机制

　　在让活动扎根的阶段，高层应为项目团队做以下两件事情。

---

　　① 明确表述的制度化的知识，如标准、工作流程表、技术指导书等。与之相对的如经验、感觉等非制度化知识被称为"暗黙知"。

一是在活动步入正轨后，从组织体制与活动内容两个方面实现活动的定型化。二是从更长远的角度考虑，制定一个培养方案，以便能够持续培养出推动改进活动的人才。

1.改进活动的组织化

活动开始一段时间后，项目成员会因为外界或自身意识的变化而陷入苦恼。与此同时，为了顺利开展活动，他们还要在公司上下关注的目光中学习改进的相关知识。可以说，他们是在感受着紧张与刺激的状态下开展活动的。

在短时间内就能取得看得见的成果的活动课题很多，当事人也能实际感受得到。一般来说，越是高层中意的活动，其负责人就会越有干劲。

虽然初期活动的推进会有困难，但一旦步入正轨，活动便有条件势如破竹，顺利开展。

但是，随着活动的推进，需要费时费力才能取得成果的课题变多，活动也因为日常化而逐渐失去了新鲜感，变得乏味，当事人的群体热情便会随之下降。另外，由于人员调动，也会出现活动成员发生变动的情况。

新的项目成员并没有从一开始就开展改进活动的经历，因此他们对活动的热情以及在现场的人脉都远不如原来的

活动类型示意图

👤 项目负责人　👥 项目成员

1. 岗内型　在现行体制下以负责人为核心开展活动

岗位① 岗位② 岗位③ 岗位④ 岗位⑤ 岗位⑥ 岗位⑦

2. 项目型　从多个单位中选调人员担任项目成员来解决问题

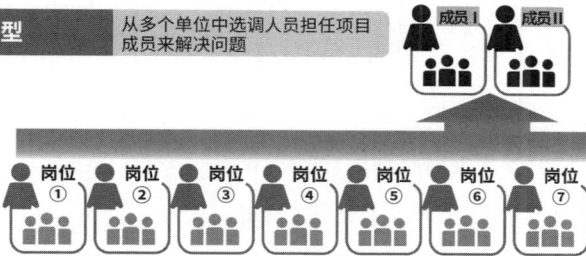

成员Ⅰ 成员Ⅱ

岗位① 岗位② 岗位③ 岗位④ 岗位⑤ 岗位⑥ 岗位⑦

3. 改进传道者型　拥有改进技能的人在各个岗位上边巡视边指导改进工作

改进传道者

岗位① 岗位② 岗位③ 岗位④ 岗位⑤ 岗位⑥ 岗位⑦

4. 改进推进办公室型　为持续开展改进活动,成立专门组织

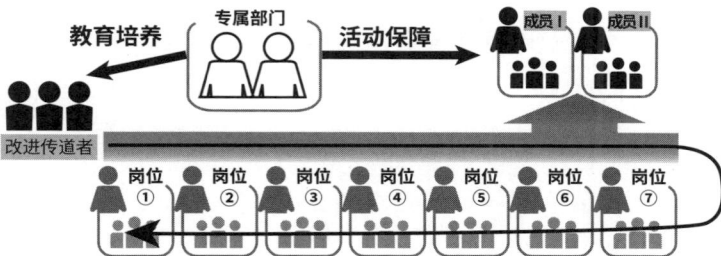

教育培养　专属部门　活动保障　成员Ⅰ 成员Ⅱ

改进传道者

岗位① 岗位② 岗位③ 岗位④ 岗位⑤ 岗位⑥ 岗位⑦

项目成员。上述不利条件一旦叠加起来，活动进展就会出现衰退。

在我们的客户企业里也经常能听到这样的话："以前也搞过改进活动，但不知不觉就没下文了。"避免这种情况的最好方法，就是要避免活动跟着人走。具体来讲，就是不能依赖某个人的能力或者热情开展活动，而是要保证即使时间推移、人员更换，活动也能持续下去。

本节将介绍四种典型的组织体制，并针对每种组织体制的优点和缺点进行说明。需要注意的是，这些都是通例，并不是所有企业都可以照搬照抄的。

情形 1：岗内型

这种类型的特征是不改变组织结构，在现有组织体制的基础上开展活动。生产一线的负责人将成为活动课题的负责人，通过以该负责人为中心实施改进活动来解决现场发生的问题。

一般来说，试点岗位上的全体职员会每周抽出两小时左右的业务时间来实施活动。虽然从某一个试点岗位上取得的改进效果有限，但因活动大多会在多个岗位上实施，所以企业整体还是能够获得一定效果的。

这种模式有两个优点。

第一个优点，因为利用了现有的组织体制，所以可以在多个岗位上实施活动，活动开展过程中产生的负担也可以得到分散。虽然有必要对业务时间做出调整，但对组织而言，这可以说是一种有效的可持续模式。

第二个优点，普及活动在各个岗位进行横展成功时，可以在企业内营造出持续改进的氛围。

在我们的客户企业中，也有很多客户提出"想要营造出自主实施改进的氛围"这样的愿望。对于改进氛围，虽然需要关键人物的存在，但最终还是要靠企业全员去营造的。无论一部分特定的项目成员再怎么深入地推进活动，也不可能仅靠他们就能将改进的氛围营造出来。只有活动在各个岗位上都开展时，氛围才能被营造出来。

在各个岗位上普及活动，可以营造出企业今后会得到成长、发展的改进氛围。

其缺点之一，在活动的进度以及人才的成长度上，不同岗位之间容易产生差距。

这个模式的基本构造是由各岗位的负责人身先士卒，在各自的岗位上逐步推进、完成。因此，这就需要这些作为实施活动前提的负责人具备一定程度的改进技能与坚定不移的意志。导致活动进度出现差异的不仅是各岗位不同的状态，还有负责人参差不齐的水平。

为了避免产生这样的差异，可以让负责人事先学习与改进相关的基础知识。其中一种方式是，让作为活动先驱者的项目成员把自身岗位上实施的改进活动带到其他岗位上去，并事先给其他岗位的负责人讲解自己学到的知识。

另一个缺点，采用这种方式的活动容易无疾而终。

刚刚提到了"容易在活动进度上产生差距"这一缺点，除了进行事先讲解以外，如果没有方案能解决活动进度不统一这一问题，活动就会一个接一个地偃旗息鼓。

而且，由于各个岗位都单独实施活动，因此难以产生岗位间的横向交流，进而也很难形成"其他岗位正在努力，我们也不能落后"的意识。

针对这一缺点的对策之一是设置活动办公室。活动办公室不仅能成为活动的"领跑者"，还可以通过召开定期报告会建立横向交流场所。我们的客户企业中采用这种模式的大多都会设置改进活动办公室。

案例 ㉗
"项目成员＋办公室＋协调员"，
保障改进活动顺利开展

U 公司是一家汽车部件生产商，公司通过项目成员在试点岗位上开展了数年的改进活动。之后又在多个工厂同时开展了针对现有问题的改进活动。

U公司采用的活动推进体制是以项目成员为核心，并直接在厂长层级以下设立办公室来配合他们的活动。不仅如此，还为每个小组安排了为活动推进提供帮助的协调员。

在此简要说明一下项目成员、办公室以及协调员的特点。

项目成员是依据改进活动的试点岗位所指定的课题而灵活选定的。大多由该试点岗位上的员工组成，然后根据需要，还会加入质量管理、生产技术等间接部门的员工以寻求配合。这样做，不仅有利于活动顺利地开展，还有利于促进部门之间的相互合作。

办公室承担着密切关注各岗位的课题进度的责任。在此过程中，如若做出需要上层施以援手的判断，办公室就会适当地去请求厂长或协调员的帮助。不仅如此，由于办公室能同时关注活动实施场所内多个小组的进度，所以能针对落后的小组给予重点支援。

问题的等级越高，当事部门单独处理的困难就越大。此时就更需要从大局出发，多个部门共同配合。这时，就需要协调员作为后盾来推进活动了。

U公司在这样的体制下，以3个月解决1个课题为目标，在多家工厂同时开展了约40个课题。

情形 2：项目型

当出现在现有组织体制下难以解决的课题时，从多个岗位中抽选出项目成员进行应对的类型便是项目型。在应对问题的一定时期内组建并维系项目小组，问题解决后立即将其解散，可以定期重复这一循环。

这种类型的第一个优点，可以迅速取得成果。因为不受组织体制的束缚，可以依据想要解决的问题自由地挑选项目成员。当遇到亟待解决的课题时，为了尽快解决问题，可以将拥有丰富技能和人脉的员工召集起来并任命其为项目成员。

第二个优点，可以促进不同岗位之间的协同合作。在现有的组织体制下处理业务时，虽然会与其他部门产生交集，但大多没有深度合作的机会。

但是，在项目小组成员团结一致凝成一体致力于同一目标的过程中，大家会逐渐加深对彼此的了解。即使在项目小组解散，成员各自回到原岗位之后，也可以综合考虑前后工序的实际情况，设计出整体最优的业务。

采用过项目型的客户企业都不约而同地称赞这一优点，因为收效颇丰。

第三个优点，可以掌握到以项目负责人为中心的诸多利害关系者的管理技能。

在现有体制下，因为一直以来存在的上下关系等诸多关系，即使指示稍许模糊，也能够得到回应。但是，在由多个不同岗位的员工构成的项目小组中，由于没有多少共通的价值观与背景，为了顺利取得成果，如何通俗易懂地传达目标与指令就变得至关重要了。

并且，由于每个岗位的背景不同，各自的想法也会不同。因此，通俗易懂地表达出让大家都能赞同的目标也是有必要的。

项目型的第一个缺点，难以保证活动的可持续性。原本就是为了解决特定问题而在一定时期内聚集起来的项目成员，在问题得到解决后就会自动解散。如果想让活动持续下去，就得另设课题，重新召集成员。此项职责可以由项目负责人自己来担当。

另外一个缺点，难以培养出将来能够担当改进活动负责人的下一代人才。

在一般的组织体制下，在取得当下成果的同时，也能为未来培养出能取得成果的人才。在项目型活动中，由于大部分资源都被集中到了能在短期内取得成果的任务上，所以在培养人才方面就会变得比较薄弱。

即使当下可以取得成果，但这种成绩的可持续性得不到保证。这时需要做的是，让一部分对当下的成果也许无法做出很大贡献但是很有前途的年轻人加入活动。

接下来，介绍一下成员构成的案例，仅供参考。

案例㉘
依据培养人才与取得成果的比例，
灵活调整成员构成

在我们培训专员的指导下，V公司开展了数年的改进活动。虽然在改进活动以及人才培养上取得了一定的成果，但是在实施过活动的部门与未实施过的部门之间形成了"温度差"，这成了阻碍公司凝聚力发挥的障碍。对此，V公司的高层十分重视，指示在未开展过活动的部门所属的总公司所在地的所有工厂开始实施改进活动。

在全体活动中，总公司所在地的所有员工都需参加。改进的课题就是岗位上实际发生的问题，该课题项目成员的构成多样，不分部门、年龄、性别。举例来说，以降低采购部门采购成本为课题的项目成员，不仅包括采购部门的员工，还加入了制造部门的一线员工。这是为了加强部门间业务的相互理解、实现企业一体化所采取的措施。

在活动的第一阶段，将目标大致设定为"数字成果：人才培养=3∶7"。设置多个课题，每个课题都由一名组长、一名助手以及若干名成员组成。

如前文所述，项目成员构成多样。原本生产一线的员工常把前往总公司的职员办公室戏称为"如同学生跨入老师办公室"，很不情愿。针对这样的现状，打破企业内各单位间竖起的高墙也成为重要的改进课题。

在组长人选中，一半是有经验的，一半是没有经验的。有的组长是入职才几年的员工。虽然他在自己所属的制造部门有着超群的实力，但是加入改进活动后，对管理形形色色的成员却是毫无经验的。他也一度没有自信，后来在老员工们的协助下，不仅自己成了优秀的领导，而且整个小组也因团结一致推进活动，取得了很大的成果。

另一方面，每两个小组配一名助手。助手从管理层抽调，其职责是协助组长的工作。但不能只是动动嘴来协助，而应该将其职责明确下来。

举例来说，在人才培养方面，助手在协助组长工作的同时，也要评价组长的成长度，并将结果反馈给其本人。在与上层的交流中，要同时汇报活动的进度以及组长的成长状况，并视情况争取活动资金。

如上所述，将职责具体到行动上来，有助于提升助手本人身为当事者的意识。进而助手便会开始主动共享协助状况，而且在不断改进自身协助工作的同时，还可以在必要时灵活地去协助自己管辖之外的组长。

在半年后的第二阶段，V公司高层将目标改为"数字成果：人才培养＝5：5"。对以往的"成员""组长""助手"这个基本的人事结构不做改变，而将各课题的项目成员重新选定。

考虑到数字成果的目标值从3提升到了5，组长全部由毫无改进活动经验的年轻人担任，也许会让你感到这样的做法简直是为所欲为。为了让年轻人得到锻炼的机会，此时可以让在前一阶段工作中拥有协助小组负责人经验的老员工们发挥自己的力量，并让有丰富知识、技能、人脉的人才担任助手。这样我们就可以从上下两个方面配合小组负责人的工作，实现数字成果与人才培养两不耽误。

如此一来，即使实施的是项目型改进活动，需要设法改变的也不仅是项目，还有其周边的体制，这样才能实现人才培养与数字成果的双赢。

活动类型示意图

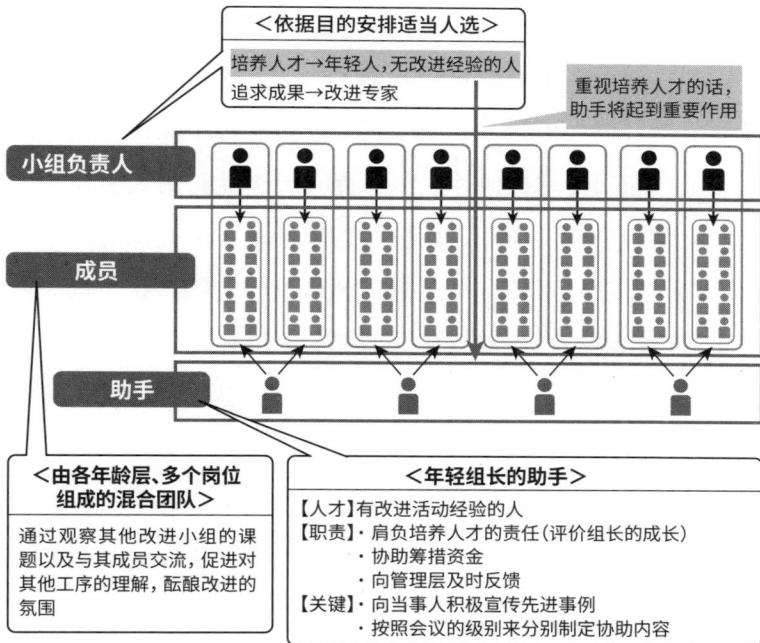

<依据目的安排适当人选>
培养人才→年轻人，无改进经验的人
追求成果→改进专家

重视培养人才的话，助手将起到重要作用

小组负责人

成员

助手

<由各年龄层、多个岗位组成的混合团队>
通过观察其他改进小组的课题以及与其成员交流，促进对其他工序的理解，酝酿改进的氛围

<年轻组长的助手>
【人才】有改进活动经验的人
【职责】· 肩负培养人才的责任(评价组长的成长)
· 协助筹措资金
· 向管理层及时反馈
【关键】· 向当事人积极宣传先进事例
· 按照会议的级别来分别制定协助内容

情形3：改进传道者型

这种类型是让拥有改进技能的人在各个岗位上巡视、指导改进活动。此种类型的活动虽然所需人力资源较少，但是必须要在培养出了拥有改进经验的人才之后才可以施行。

此种类型的优点是可以保持改进活动在深度与广度之间的平衡。

前文中提到的项目型虽然可以对个别问题花费充分的时间，但一个人所能负责的试点岗位是有限的。案例㉘中的企业因为存在众多拥有改进经验的人，所以才可以在多个部门开展活动。但大多数企业采用项目型活动时只能在个别岗位上进行。因为在这样的体制下，拥有改进经验的人必须与试点岗位保持密切的关系，所以很难将活动扩展开来。

如果有改进活动的传道者，就可以将实际活动交给一线员工，自己则专注于提意见和做指导。这样，一名拥有改进经验的员工可以负责多个试点岗位，也就是说，可以让活动的扩展成为可能。

另一方面，岗内型虽然可以确保活动的广度，但因为很难保证所有的负责人都有高超的改进技能，所以也就难以确保活动的深度。而改进传道者则可以通过给予专业的意见，确保活动的深度。

可以说，改进传道者型是综合了项目型与岗内型双方优点的一种类型。

然而，改进传道者型也是有缺点的。其一是若项目成员需要承担实际工作的时候，很难确保活动的持续性。

在既要承担实际工作又要兼职开展活动的体制下，如若没有足够的动机和奖励的话，不仅改进传道者，就连一般员工都会优先去做眼前的实际工作。话说回来，要让包含各岗位负责人在内的、与改进活动相关的全体员工都致力于改进活动也是不切实际的。

因此，应当让扮演活动关键角色的改进传道者专门从事改进工作，即使是兼任也要大幅削减其所承担的一般工作，防止活动陷入低迷。

第二个缺点是难以确保拥有改进经验人才的数量。要成为改进传道者并不是简单地学习一下改进技能就能实现的。只有通过亲自参与活动，经历各种各样的历练做出成绩，得到大家的认可的人才能成为改进传道者。因为改进传道者既要有技能，又要有成绩，所以培养难度很大。

另一方面，因为改进传道者在活动中扮演着关键的角色，如果不能持续确保，活动将会出现大幅停滞。为了确保改进传道者人数的稳定，需要设立（下文中将要介绍）专属部门"改进推进办公室"。当然，刚开始是无法设立改进推进办公室的。首先应当让改进传道者在各个岗位上巡视，指导改进活动，与此同时，着手设立可以稳定培养改进传道者的改进推进办公室。

案例㉙
战略性活用改进传道者，实现一石三鸟

　　W公司是一家大型化工企业，在行业景气上升、需求不断扩大的背景下，业绩直线上升。在重视技术开发的同时，推行成本削减，由此导致大部分的生产环节都委托给了外部合作工厂。某工厂的高层对企业内生产制造能力低下的问题感到强烈的不安。

　　在这样的背景下，公司实施了以"回归生产制造的原点"为主体的改进活动。其中，尤为重视的是战略性地、可持续地培养接班人才。

　　在最初的工厂里，指定3名科长为改进活动专员，并提拔这3名科长手下的组长为"科长代理"，给予半年的任期。由此为他们提供了体验上司工作的机会，让他们积累管理的经验。半年后，科长们结束了改进活动专员的工作，组长被提拔为改进活动专员，从管理及改进活动两个方面，为他们提供与上司相同的机会，来达到广泛培养人才的目的。

　　在活动扩大到其他工厂时，在如何分派改进传道者上也下了一番功夫，最终实现了提升企业利益这一短期成果与培养接班人才这一长期成果的双赢。接下来介绍一下这一环节的具体流程。

首先，改进活动在最初的试点工厂实施之后，经过大约两年横展到了 W 公司最大的工厂。这时将在最初的工厂活动中成长起来的数名改进传道者按照职责分成两类。一类是让改进活动在最初的工厂扎根，另一类是在新工厂协助改进活动的开展。并且，在此之后活动向其他新工厂横展的过程中也采取同样的方式，将人员按照职责分为两类，一类致力于让原有活动扎根，另一类致力于开展新活动。

在经验丰富的人才的协助配合下，在新据点开展的活动得以顺利地传承以及迅速地推进，最终，在第二个工厂开展的改进活动，在一年内为企业创造了价值 4 亿日元的改进效果。

补充一点，成员在被派遣到其他工厂时，还能取得一些附带收获。那就是，与在原工厂中拥有丰富的人脉以及专业知识的状况不同，在新工厂里，成员可以磨炼指导他人的技能，并获得新的人脉及工序知识。

如上所述，以改进传道者这样的核心人才为纽带，可以取得"活动的可持续性""横展的快速性""人才培养的可持续性"这样一石三鸟的良性循环。

W 公司的人才培养示意图

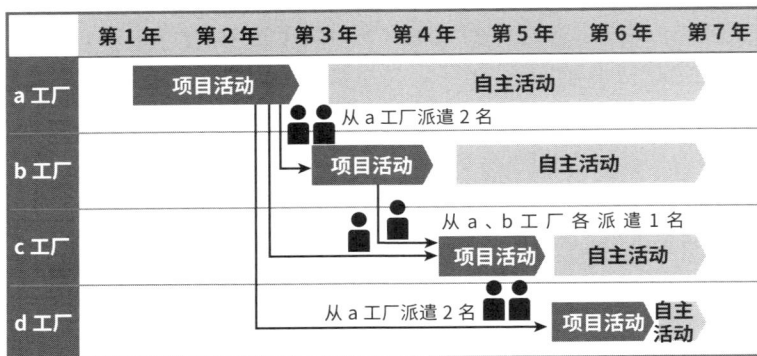

	第1年	第2年	第3年	第4年	第5年	第6年	第7年
a工厂	项目活动		自主活动				
b工厂			项目活动	自主活动			
c工厂				项目活动	自主活动		
d工厂					项目活动	自主活动	

从a工厂派遣2名

从a、b工厂各派遣1名

从a工厂派遣2名

情形4：改进推进办公室型

最后一种类型是成立维持改进活动的专门组织。这种类型中包含了上述三种类型，换言之，这个专门组织既可以是负责各个岗位改进活动的办公室，承担对活动负责人的基础教育（岗内型），也可以为特定课题成立并管理专门的项目团队（项目型），还可以承担培养改进传道者以及推进活动的职责（传道者型）。

在改进活动的起步阶段，很难立刻采用这种类型开展活动。比较常见的流程是先通过项目型或者改进传道者型在企业内主要的试点岗位推行改进活动，之后为了持续稳定地开展活动而设立专门的组织。

虽然上述项目型及改进传道者型都可以取得一定的成

丰田现场力

果，但项目型有个时间限定的大前提，而改进传道者型也因为培养传道者的难度较高而往往导致活动在持续性上出问题。

针对上述问题，改进推进办公室型由于成立了正式的组织，所以活动是无时间限制的。而且通过在组织内培养改进传道者和一线的负责人，可以确保人才的持续性供给。因此，采用这种类型的活动在取得成果与可持续性两个方面都有非常大的优势。

虽然改进推进办公室型没有什么太明显的缺点，但是依然存在一些需要克服的困难。

第一个困难是要培育出符合推进室成员的人才。当推进室的工作步入正轨之后，成员即使在改进经验及现场人脉方面有所不足，只要有足够的热情，基本都可以应对。但在推进室成立初期，由于不仅要思考组织的职责，还要请求一线员工对活动给予协助，因此在诸多方面需要从零做起，所以这个时候还是需要有一定技能及经验的人才。

第二个困难是高层的觉悟不够。曾经在客户企业里担任过改进推进办公室型活动的培训专员均指出："物理上的制约是没有的。但是，要想成立专门的组织，并且保障他们的活动环境，高层的觉悟是必不可少的。"

在企业规模不大的情况下，即便只是将少数优秀人才从一般业务中抽调出来，也是需要高层下一定决心的。能否迈出这一步，将会对组织的未来产生巨大的影响。

案例 ㉚
超级大公司也效仿设立改进推进办公室

某中型企业虽然眼下不用担心收益方面的问题，但在如何扩大中长期需求的问题上却不容乐观。该企业的高层对员工们的安全意识和现场管理意识低下的问题倍感忧虑。高层自身虽然一直以来都很重视改进活动，但也一直没有找到具体的培训、改进的方法。于是，改进活动便在高层希望"通过改进活动积累成功经验，让每一位员工都能感受到改进带来的快乐，并让这种风气在企业扎根"的理念下开始实施了。

活动主要围绕改进基础的"5S"及"作业改进"开展，项目成员通过一点点的积累成功经验，逐步推进活动。慢慢地，活动的试点岗位逐步扩大，最终拓展至整个企业。

接着便摆脱了以往待到问题出现之后再依靠经验和感觉来处理的方式，取而代之的，是为了能不停地发现和妥善地解决问题，主要依靠项目成员来解决问题的方法。不仅如此，还将企业高层的方针落实到各个岗位的奋斗目标与努力事项上，并通过落实把控进度的方式来监督实施。在这个过程中，改进活动的广度和深度都在不断加强。

为了能够让企业团结一致不间断地开展活动，该企业在活动实施3年后成立了专门组织。该组织对已经在实施改进活动的岗位仅给予适当的协助，大部分交给各岗位上的员工自主进行。不仅如此，该组织还负责召开各岗位上方针落实状况的月度工作汇报会。此外还负责每年召开一次公司整体的活动报告会。在解决问题的活动中，从各工厂举办的预赛中脱颖而出的选手们在这个报告会上齐聚一堂，相互切磋。专门组织通过上述活动，为改进活动树立了典范，并通过为工厂间的沟通架设桥梁以及提供相互切磋的场所，为各试点岗位上的员工保持高度的活动热情创造了契机。

该企业还积极接待来自外部的参观学习活动。我们客户中销售额达到数兆日元的超大规模金属关联企业的干部也对该企业的模式感到吃惊，不禁大加赞叹，并表示"我们也一定要导入这个模式"。

2. 让活动成为"形式知"

大家认为要想让某一规则在工作一线扎根，什么是最重要的呢？

是让一线人员理解规则的必要性，或者让一线人员完全理解规则的内容，还是在一线实施彻底的检查？这几项当然都是必不可缺的要素，但往往最容易被忽视的重点是，不能让任何一位一线员工感觉到勉为其难。

以5S为例，无论是在工作岗位上还是在家里，即便是对放置东西的场所做了规定，只要对这个规定稍有松懈，就会再次返回之前杂乱的状态。大家都有过这样的经历吧。

既然是大家自主制定了这个规则，那么对规则的意义应该都有所了解。知道应该做的却还是做不到，为什么呢？那是因为，我们在做的时候会感觉到有困难或者嫌麻烦吧。也许这个放置场所的位置不佳，或者是在放东西时总是颇费周折，于是无论规则怎么好，最终我们都会无视它。

因此，遵守项规最重要的不是去理解它的意义，而是让规则的遵守者处于无须勉为其难的状态。

如果是在初始阶段就参与活动的成员，对活动的意义自然会有所理解。即使有一定的困难，他也会利用自身的技能或者人脉来应对。即使没有明文的规定，他也能依照情况做出相应的对策。

如果考虑到一段时间后会发生人员变动，那么应尽可能地将活动的难度降至最低，并将活动中的"默认知"转变为"形式知"，就显得至关重要了。换言之，就是有必要明确"何人、何时、何事、如何"，并且要尽量将实现目标的难度设定在让员工无须勉为其难的状态。

如上所述，要想持续推进改进活动，必须提高对活动意义的理解，明确需要做的事情，并且将实现目标的难度设定在让员工无须勉为其难的状态。为了确保以上几条，接下来介绍三件"道具"。

道具1：活动指南

活动指南相当于企业里的章程或者企业的理念，是组织核心的、相对持久的特征。其最大的作用是加深对活动意义的理解。主要内容包括组织的职责、活动的体制、各成员的职责等。

就像大家平时并不怎么去查看企业章程一样，活动指南也用不着频繁地去查看，因此它不会直接影响活动的开展。即便如此，仍要制定活动指南的理由有以下三个：

其一，为了统一活动的步调。在活动初期，成员会与相关人士针对特定的课题开展密切的交流，因此，多数情况下大家对活动内容的意见也是一致的。

就像大家平时也不会和同事就企业存在的意义进行交流一样，即便一起开展改进活动，也很少有机会就活动的根本意义或者部门的职责进行交流。因此，即使一起推进活动，也不能保证大家对活动的根本性问题所持有的意见完全一致。

活动指南记载项目范例

<目录>

第一章 总则
  第一条 目的
  第二条 职责

第二章 活动体制
  第一条 活动责任者的职责
  第二条 活动推行者的职责
  第三条 活动带头人的职责
  第四条 成员的职责
  第五条 改善推进室的职责
  ……

第三章 活动内容
  第一条 例会的目的
  第二条 高层会议的目的
  第三条 定期报告会的目的
  ……

> 活动指南要明确活动的总体目的和定位。可以在实施要领里记载具体的内容

不仅如此，随着活动的扩大，项目成员之间也会因为分工体制而导致各自工作量的增加，这又会导致交流的减少，进而在活动的方向性上产生分歧。

为了避免这一事态的发生，在组织成立初期，就应该尽早确保大家对组织的意义等根本性问题有一个统一的认识。

其二，为了确保顺利完成新老传承的接班工作。活动开展初期的成员因为参与了活动从零开始到步入正轨的全部环节，所以自然而然对活动的意义和内容有着一定的理解。但是，对第一批成员之后的接班者来说，因为他们没有活动的

实际经验，所以在短时间内很难理解活动的意义与内容。

其三，为了克服困难与迷茫。在长期的改进活动中，成员会遇到很多困难，有时甚至会想到放弃，或者因为不知道什么是正确的而迷失判断力。在这个时候，只有活动指南能让我们回归原点。

道具2：各项业务的实施要领

如果说前项的活动指南是活动基础的话，那么第二和第三个道具就是活动的两根支柱。

在第二个道具——"各项业务的实施要领"中，要对每个业务进行具体详细的说明，明确"何人、何时、何事、如何"，并通过记载业务要领来确保活动中不存在"勉为其难"。

为了让大家理解实施要领的要点，这里借用丰田的"作业要领书"进行解说。

这个作业要领书记载了各个现场作业的工序，但与一般所说的操作手册有着很大的不同。

它不仅记载了作业的工序，还记载了"工作中的要点"及"成为要点的理由"这两点。

要点包含三个种类，一是决定工作完成度的"关键点"，二是有关伤害与疾病的"安全点"，三是有关作业中的直观、诀窍的"便捷点"。为了能让所有员工都不会感觉到勉为其难，丰田非常重视这些要点。

一线的指导工作基于由四个步骤构成的"指导工作的方法"。

具体可以参照下图，在第二步"说明作业内容"里，指导方就要点以及成为要点的理由进行说明，而在第三步"让学员去尝试"里，则由被指导者来谈要点和成为要点的理由。像这样，指导方通过让被指导方将要点用语言表达出来的方法，可以帮助被指导方在理解的基础上进行实践，避免死记硬背。

实施要领与上述丰田的作业要领书是一样的。在记载各个业务的目的、内容的同时，还应当加入要点。关于各部门应当承担的具体职责，放在下一个项目中进行说明。

指导工作的方法

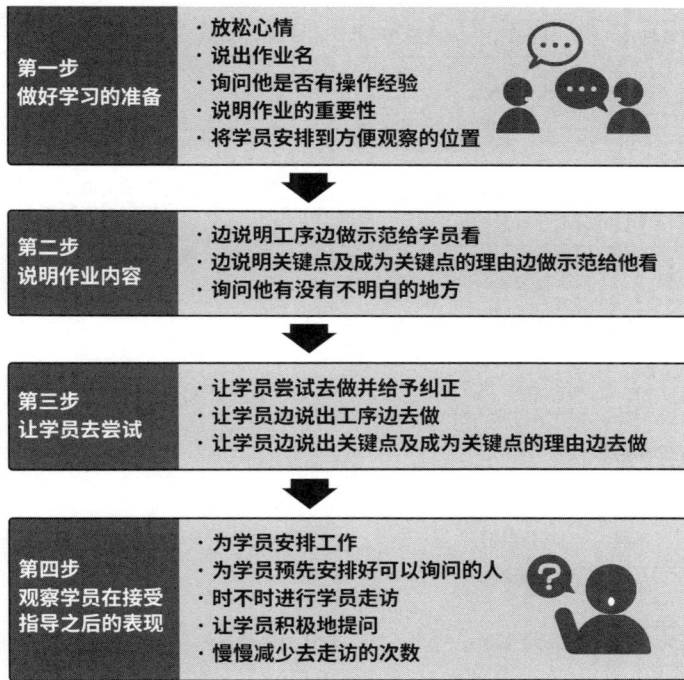

第一步 做好学习的准备	· 放松心情 · 说出作业名 · 询问他是否有操作经验 · 说明作业的重要性 · 将学员安排到方便观察的位置

第二步 说明作业内容	· 边说明工序边做示范给学员看 · 边说明关键点及成为关键点的理由边做示范给他看 · 询问他有没有不明白的地方

第三步 让学员去尝试	· 让学员尝试去做并给予纠正 · 让学员边说出工序边去做 · 让学员边说出关键点及成为关键点的理由边去做

第四步 观察学员在接受 指导之后的表现	· 为学员安排工作 · 为学员预先安排好可以询问的人 · 时不时进行学员走访 · 让学员积极地提问 · 慢慢减少去走访的次数

学员没有记住是因为自己的指导没有到位

出自：日本产业训练协会

指导工作的方法

实施要领			名称		早会		编号	AA/01
填写日		更新日		批准		确认	填写人	

【目的】
① 确认活动带头人　② 早期把握问题
③ 加强成员的交流与提升积极性

> 通过在此记载目的，可以确保沿着既定方向进行对活动的改进调整

1. 准备
・决定当天的主持人
・项目成员事前整理好当天的共享内容

2. 参加者
项目负责人，项目成员
※依照需求，适当追加其他岗位的相关人员和项目推进者

3. 召开场所
项目室

4. 具体的流程

【流程】	【详细】	【关键点】
开会致辞	由主持人致辞	为了营造一整天的氛围，声音要尽量保持欢快明朗
全员齐唱"改进的十大基本精神"	由主持人领头	为了让成员们也能跟着念，要"第一，第二"这样按顺序地念
成员的一分钟发言		

丰田现场力

道具3：实施日程表

这是落实实施要领上记载的具体项目的道具。为了确保各项工作落实到位，活动开展的范围越广，就越要做好实际的日程管理工作。

或许与上文有些重复，但这里要强调的是，不仅实施项目，实施的目的与实施的主体也要填上。为了让员工保持对活动的积极性，确保活动能够沿着既定的方向推进，在平常的活动中时刻牢记活动的意义与目的是很重要的。

同时，在"要点"部分也提到了，要让员工时刻将"要点"及活动的内容挂在嘴边，放在眼前，这样可以让他们在理解的基础上主动去开展活动，从而避免僵化被动。

另一个重要的地方是不仅要标明报告会及实施期限这些信息，还要详细记载实施过程中的步骤与进度。走访丰田的日本政府的一些相关人员在看到其日程表后都会非常吃惊。

"丰田对各项活动应做哪些准备、应按何种步骤进行都做了可视化处理。而在政府部门，只会在日程表上写上某某会议、某某会面的日期与时间。因为没有写明步骤与进度，所以负责人无法把握准备的进度以及是否有延迟。而这样导致的结果就是，等到事情临近大家便忙得不可开交了。"

丰田非常重视对过程的管理，在新人的研修中尤为重

实施日程表示意图

<table>
<tr><td>××项目</td><td>××株式会社</td><td></td><td></td><td></td><td colspan="2" style="text-align:right">2020年4月7日</td></tr>
</table>

活动内容（方针）	管理方式	过程指标	负责人
①佩戴防护用具，佩戴率100%	①点检表	①佩戴率100%	
培养遵守规则的人才……彻底地训练与检查	规则表		

方针	结果指标（KPI）
安全	劳动灾害 0 件 2019 年度 2 件→2020 年度 0 件
以打造安心、安全的岗位	
以打造出一个拥有	
良好的团队合作意识	
团结一致的岗位为目标	

视对进度的管理，会讲授制订计划的重要性和制订计划的方法。

3.改进活动的日常业务化

在企业中，除了开展新业务的特殊岗位之外，大部分发生在一线岗位上的问题可以说都是"旧病复发"。

在以往发生问题时，问题越严重，相应的对策就会越多。如果对策本身存在谬误，那么问题仍会出现。常见的情况是即使对策是好的，但由于员工不能彻底贯彻执行也会导致问题再次出现。

在目前困扰大家的问题中，也许会有不少是与曾经类似的、由于没能贯彻执行对策而再犯的问题吧。

因此，如果能够严格遵守已经制定的规则、落实活动的要求，应该可以避免很多问题的再次发生。但做到这些都是有相当难度的。改进活动在活动步入正轨后应该可以不断地取得成果，但是想要保持活动的可持续性可不是件轻松的事。

挑选出希望"扎根"的项目

随着改进活动的扩大，每天需要做的工作也会增多。以营业活动为例，之前只需要去个别企业商谈业务即可，现在为了判断活动实施的有效性并对活动进行实时改进，还需要填写并管理商谈次数、商谈企业的规模等多种数据。

即使做的事情本身并没有错，但还是有必要把做这件事所需的付出与所达到的效果放在天平上进行判断。也就是说，即使是一个好的活动，如果付出远大于成果，那就必须果断地放弃。

并不需要持续开展之前的所有活动。我们应当重新整理之前的工作，在确认这些工作对最终的目标能有多少贡献之后，再决定其中哪些工作是值得持续开展的。

在我们的客户企业里，也存在活动持续得越久每天的工作负担越重的情况。在改进活动已经扎根的企业里，有时会出现为了每个月削减数千日元的成本而费力劳心的情况。这样的活动虽然可以取得成果，但如果得不偿失的话就应该放弃。

如上所述，越是有长久改进活动历史的企业，就越应该有果断放弃的意识。

挑选出需要"防止风化"的项目

接下来，要从希望"扎根"的项目中，再选出需要"防止风化"的项目。简单地说，需要防止风化的活动就是决定要长期开展却难以持续的活动。先介绍一下几种导致风化的因素。

①必须有意而为之，否则不能坚持

举个身边的例子，比如保持好的身材。即使我们知道这是件好事，但很难坚持下去，这就是一个典型。

举个工作中的例子，比如时常要向部下传达企业的方针及业界境况等。虽然在活动之初，大部分管理层都能够做到，但只有很少一部分意识达到一定高度的人才能做到长期坚持。

②让人感到棘手或麻烦

举个身边的例子，在清扫作业现场的活动中，清扫工具的放置地点如果离工作岗位比较远的话一定会让你感到麻烦。另外举个工作中的例子，如果为高层会议而准备的资料中出现必要项目与判断标准问题，一旦提案方和决定方都无法明确需要讨论的项目以及判断的标准，就会让双方陷入无所适从的困境。

③下意识地回避

例如，我们在失败时，为了保身，一般都会有掩盖失败的倾向。但是，正如要"先说坏消息"一样，对企业来说，越是坏消息就越需要尽早地去把握以防止其影响扩大，或者及时采取措施避免再犯。

④不易发现的未做之事

例如，我们在去商谈之前需要提前做好准备，但一般情况下，我们管理的是商谈的数量，而是否提前做好了准备是难以把握的。即使本人口头上说"已经做好了准备"，但是我们对此无法证实。

如上所述，对需要长期开展却难以持续的活动，需要通过防止风化活动来消除活动中的障碍。

将话题拉回到改进活动中来，企业在决定需要持续开展的活动之后，应当参考上述观点，找出需要实施防止风化措施的活动，做出相应对策以确保其可持续性。

实施防止风化的对策

接下来谈一谈防止风化活动的内容。

最初，是对希望扎根的对象进行改进，通过去除其中让人感到棘手的要素，达到任何人都可以不费劲地做到的状态。

上文中提到的例子，通过事先明确提案的标准形式及判断标准，就可以避免让双方陷入无所适从的困境。

再以在现场召开改进报告会为例，不能将所有事情都丢给一线员工，如果有记载实际进展情况的作业要领书，或许会更便于一线员工的执行。另外，提前做好培训或详尽地讲解也是一个解决方法。

在第二个阶段，对维持改进活动的体制进行完善。需要注意以下两点：

其一，营造出一种势在必行的氛围。具体来说，就是营造出一种如果不能持续开展改进活动，工作就无法进行的企业氛围。

例如，可以在前文中提到的作业要领书中做出以下规定：在开展员工教育培训时，一定要使用作业要领书；在对一线作业进行确认时，必须使用作业要领书；在发生问题时，要将实际作业与作业要领书中的进行对照等。通过这样的规定，可以保证作业要领书不会被束之高阁，可以在生产一线得到实际运用。

关于商谈的事先准备，不应只停留在口头报告上，而必须与提出方案的相关人士进行事先的沟通与确认。如此一来，实施过程就能做到规范化了。

还有一个方法是为汇报活动实施的状况提供一个固定的场所。比如可以将此方法作为一项写入已有的定期会议或者报告书中。以定期汇报为标杆，要求在下一次召开会议或撰写报告书之前进行汇报。如此一来，在那之前必须取得成果便有了一定的强制力了。

另外，大规模开展活动时召开报告会的效果更好。报告会不仅能够和定期会议及报告书一样成为活动的标杆，还可以通过在众人面前发言来提升当事人的活动积极性。而听取其他部门的汇报也可以给自己带来新鲜感和刺激。同时，这还会让报告会的发言人产生一种自己得到了一个少有的机会，所以自己一定要在活动中尽量做得更好的心理。这种心理有利于进一步完善活动的内容。

如上所述，活动的维持不仅需要强制力，还需要外界的刺激。

在第二个阶段，必须要明确之前提到的"确认实施状况的机能"。

无论是多么好的活动,除了一部分意识达到一定高度的人,如果大部分人缺少强制力的话,活动是无法维持下去的。在最初阶段,为了让活动可以维持下去,要不惜采取一些强制手段。而这些手段逐渐就会成为习惯。

发挥强制力保障活动持续开展的机构正是上述改进推进办公室这个专门组织。为了保证其运转顺利,除了让其肩负在一线检查活动实施状况的责任以外,还必须赋予其强制实施的权限。因此,应当尽可能地将该组织置于高层周边的位置。

丰田也有各种各样的规章制度,为了严格贯彻这些规章制度,在生产一线肯定会出现擦亮双眼的"烦人大叔"。比如,如果发现有人将手插在口袋里走路的话,无论他是上司还是干部,都会受到毫不客气的批评。防止风化的关键正在于生产一线上有这种"良心人物"的存在。

4. 制定体现活动成果的评价制度

从对个别作业的内容进行标准化,到设立专属部门对实施内容进行明文化,各种大大小小的制度提升了改进活动的可持续性。但是,对肩负推进活动大任的项目成员的评价机制往往容易被疏忽。

丰田对于机制的执着

当问题发生时，往往会因为在平息问题上投入过多精力而忽略了寻找导致问题发生的根本原因及其实施对策。老话说："好了伤疤忘了痛。"随着时间的流逝，当初制定的问题对策也容易逐渐被忽略，因此，最终还会再次遇到类似的问题，还会犯和以前一样的错误。

因此，要想坚持一件事情，仅靠人的自我意识或注意力是不够的。

基于这样的现实，丰田非常重视机制。这一点大家通过前文应该已经有所了解，在此重新梳理一下关键点。

问题发生时的态度非常重要。在丰田，有这么一句话："不要怪罪人，要怪就怪机制。"

例如，发生不良品问题时，不要去责备员工的能力不足或者注意力分散，而要从制造出不良品的生产工序或者生产体系中寻找问题的原因。

说到底，原因有可能是被视为标准的作业指南中出现了什么遗漏。如果作业指南没有问题，那或许是员工缺乏培训所致。如若是员工的疏忽所致，那就是生产流程中缺少能够迅速发现这样的疏忽的机能所致。

所以，不应把问题归结于可见的个别员工或特殊状况，而应该从问题的背后寻找原因。

与"人的对策"相比，更重视"物的对策"

接下来谈一谈问题的对策。按照对象的不同，对策可以分为"物的对策"与"人的对策"两种。

例如，在安全对策中，在危险的地方增设防护盖板等是针对物实施的对策，而施行安全教育或者由主管在现场巡视，则是针对人实施的对策。

丰田尤其重视针对物实施的对策。那是因为，人们在习惯之后，针对人实施的对策意识往往会降低，而针对物实施的对策的效果是不会变化的。

在某个车间里贴满了呼吁员工开展节能、5S 等活动的宣传画和标语。培训专员在看到这个情景后说道："仅靠呼吁来唤起员工们注意的生产一线，所实施的对策是没有触及问题灵魂的。高层在看到这样的工作现场时，一定要做出反省，并迅速实施根本性的对策。"

在丰田的生产一线，只会张贴将现状可视化的图表，基本看不到呼吁性的海报。因为张贴这样的海报虽然比较容易，但是满足于这种依赖员工自己增强意识的、针对人实施的对策是非常危险的。

活用现有的机制

最后谈一下如何让对策发挥持久效果。尤其是针对人实施的对策。随着时间的推移，员工的活动意识往往容易降低。为了尽可能地维持员工的活动意识，灵活运用现有的机制是关键。

关于这个问题，在防止风化的部分已经有所提及。专门建立一个机制并让其维持下去是需要花费相当成本的。因此，如果可以充分利用现有机制，也能起到节省成本的作用。确保机制的可持续性，不让员工们感到勉为其难是很重要的。

在某段时间里，由于员工的活动意识高涨，问题的对策会被认真地执行，但是随着时间的推移及条件的变化，对策会逐渐地被遗忘。这样的案例非常多。

在这样的背景下，为了尽可能地把对策的执行率确保在100%，丰田建立了完整的多重机制。可以说丰田对"机制化"是非常执着的。改进活动与此相同。正因如此，才会通过设立改进部门以及实施防止风化对策等手段，来确保改进活动能够贯彻落实，扎根落地。

评价机制决定改进活动的成败

只要能够确保改进活动的机制化，最起码可以保证预定的活动内容能够得到一定概率的实施。并且，优秀且活动热情高涨的项目成员不仅能够保证活动的顺利实施，还能够不断完善活动的内容。但是，活动开展得越顺利就越容易被忽视掉的环节就是制定评价机制。

对组织做出巨大贡献的项目成员理应受到很高的评价。但是，由于改进活动往往超出一般业务内容，因此，有一半以上的情况是即便取得了成果也无法在现有的评价机制下得到认可。

因为在活动前期投入了大量精力，所以在活动步入正轨并开始取得巨大成果的阶段，能够想到制定评价机制的企业非常少见。

在我们实施的改进活动实情调查中可以看到，在改进活动实施过程中，困难重重的企业与一帆风顺的企业之间，在高层做出判断的评价机制的完善度以及相关人士活动积极性的持久度上是存在很大差距的。

由此可见，评价机制的完善度及活动积极性的持久度，与改进活动的成败有着密切关系。换言之，改进活动的机制化，可以提高活动的持久度，但为了让活动以更好的方式持续下去，制定能够提升活动主体也就是项目成员的积极性的评价机制是非常重要的。最终，这样的评价机制可以超越改进活动本身，将影响力扩大至周围的各项活动中去。

评价机制在改进活动中不可或缺的理由

评价机制除了能够让当事人保持活动的积极性，还有三个不可或缺的理由。

①让企业的人才拥有明确的长期目标

在评价机制中，首先要明确评价标准，即明确定义各个职位所承担的职责。

最好有将各职位的职责分为生产、品质、成本、岗位、安全等项目记载的一览表。

如果现在及未来的项目成员手头都能有一张这样的表，那么他们就可以明确自己应该朝什么方向努力、应该掌握何种技能。明确努力的方向，不但可以促进个人能力的提升，而且对制定企业整体的员工培训体制也很重要。因为要想制定员工培训体制，必须要先明确目标及需要掌握的技能。

②明确负责人的职责

负责人下到自己熟悉的生产一线，与部下一同进行生产性工作，在发生问题时忙于平息问题，而忽略了制定防止问题再发的对策。这是常常在负责人身上出现的失败案例。负

将职责定义作为评价基准

职位	职责	安全	生产	品质	成本	岗位
科长	· 为了该科能够取得最佳成绩，尽力提供完善的环境	· 制定相关安全课题，规划并推进改进活动 · ……	·……	·……	·……	·……
组长	· 为了该组能够取得最佳成绩，细致且有计划地培养组内形形色色的组员	· 严格管理并坚决落实对策防止问题的发生 · ……	·……	·……	·……	·……
负责人	· 培养新手 · 为开展业务率先打造出充满活力的工作岗位	· 及时发现有可能导致受伤或事故的危险场所，并施以对策	·……	·……	·……	·……

责人原本的职责是为部下提供一个安心工作的良好环境。而上述例子中的负责人明显没有做到这点。

由于能安心地在自己熟悉的环境中工作，而且工作时奔走忙碌的样子也容易让众人感受到自己对待工作的勤恳，所以陷入上述工作状态的负责人并不少见。为了防止这样的状况出现，对负责人的职责进行重新定义也是非常重要的。

③吸引新人才进入专属部门

作为一个全新的项目，改进活动在企业内备受瞩目，而置身于这一专属部门的成员也会备受瞩目。因为改进活动具有重要意义，因此这样的工作在其表面风光的同时也会给成员带来较大的负担与压力。

背负负担与压力的项目成员如果在企业内得不到相应的评价，未来有可能成为项目成员的后备人才又怎么会心甘情愿地加入其中呢？大概大部分人会将成为项目成员看作是运气不好而抽到的"下下签"，即便成为其中一员也会想方设法调离的吧。因此，给予项目成员相应的评价，对吸引新人才参与到专属部门中来是非常重要的。

不仅要让专属部门的工作内容令大部分员工向往，还要让他们在工作后得到的评价也受到大部分员工的赞赏才行。

应当采取的现实对策

制定符合现实的机制需要相关人士间的密切交流，因此至少需要数月以上的时间。若因与总公司相关部门的特殊关系导致难以对现有机制进行完善、变更，那么长此以往就会导致项目成员积极性下降，因此不能放任不管。接下来介绍几个对策。

①通过人事调动来鼓励员工掌握新技能

上司肯定都有把优秀人才放在自己身边的心理。但是，如果一直待在同一个部门，随着对工作的熟悉，即便是当初热情高涨的优秀人才也会慢慢失去新鲜感和热情。

是金子在哪里都会发光。通过工作调动为其提供新环境，可以让优秀人才获得新的技能与人脉，这不仅能促进其个人的成长，也会为企业做出新的贡献。在确保有正当理由的前提下实行人事调动，为优秀人才提供大显身手的机会，此举效果颇丰。

②通过激励让员工再次感受到自己对企业所做出的贡献

关于这一项在后文中还会详谈，由企业高层亲自实施激励是很有效的。高层在实施激励时，一定要抱着弥补原本应该给予金钱报酬的态度。

另一方面，由于高层并不能每天接触到活动，因此在激励时会出现缺少材料的情况。这时就需要日常接触活动的项目主管事先提供材料了。

③通过赛事或表彰给予刺激

在"定期报告会"里介绍过，定期在众人面前就活动内容发表报告可以引领活动的开展。提供与其他部门竞争的机会与之类似，也可以有助于本部门活动的提升。

如果能够通过赛事或表彰会对活动中的先进部门进行表彰，就能促使其他部门也产生"我们也想被称赞"的心理，从而引导各个部门争先恐后地加快活动的进程。因此，推荐将这里的赛事或表彰会与前一项提到的激励一同实施。

5. 制定可持续的人才培养机制

当改进活动进展顺利时，往往会被认为一切理应如此，从而很少去考虑活动是否需要追加一些对策。如果已经成立了改进活动的专属部门，就更容易沉溺于这样的想法难以自拔。

依赖特定人群的缺点

让特定的优秀人才长期负责改进活动的实施，确实可以让当前的活动进展顺利，这样的案例也很常见。但是，从长远角度来看，这种状况也存在着严重的弊端。

首先，如果此人突然离职或者职位被调动，活动就有可能会难以持续。

如果不是出于规定，很少有人会主动将活动的心得体会与诀窍记录下来。不仅如此，负责改进活动的时间越长，经验与知识越丰富的人，在发生问题时，往往会选择用之前的经验来应对当前活动，这也让记录的必要性大大降低了。如此一来，就容易造成难以将其调离岗位的恶性循环。

其次，这种状况会剥夺准接班人成长的机会。

有句话说："职位改变人生。"机遇对一个人的成长至关重要。有人原本具备承担活动的才能，如果没有机会施展和磨炼这个才能，那他就很难成长为活动的负责人。

最后，这种状况会剥夺当前活动负责人自身成长的机会。

虽然引领改进活动是难度很高的工作，但长期担任同样的工作，也会导致新鲜感和灵感的枯竭。给予优秀人才大显身手的机会，可以让当事人和企业双方实现双赢。

关键在于内容的标准化与教育体制的完善

与其他企业相同，为了打造一个不受人员岗位调动影响的工作环境，丰田也是煞费苦心。接下来介绍一下丰田在这方面采取的两大关键机制。

第一个关键机制是"标准化"，固定工作内容的流程，使得任何一位员工都可以顺利上手。

将工作内容细分，尽可能去除棘手的项目，并通过作业要领书等资料将工作流程标准化。从改进活动的角度来说，就是利用上述活动指南等方法使工作内容变得更规范。

第二个关键机制是通过教育培训从层次、数量上增加人才储备。

丰田旗下的各个组织不仅会明确自身所需的技能，还会将每个成员各自掌握的技能可视化，以此来确认组织整体拥有多少必要的技能。

通过这样的技能可视化，不仅可以有计划地实施对个人的技能教育，还可以确保组织整体在人员更替的过程中不会发生必要技能的失传。

不仅个别的技能，管理职位的录用与培养也是以若干年为单位提前做好计划的。如上所述，通过现状可视化以及按计划培养人才，组织整体可以提高人才储备的厚度，并通过轮岗制度使得更广泛地培养人才成为可能。

培养承担改进活动重任的人才的思路也与之相同，接下来介绍一个先进典型。

案例 ㉛
为全球工厂源源不断地培养他们期求的"改进传道者"

X公司是一家大型精密仪器制造商，该企业是如何创建不受人员调动影响的体制的呢？

X公司曾经实施过高水平的改进活动，但是随着时间的推移，活动日趋停滞。最终，与活动负责人的交替周期（3—4年）同步，活动也陷入了"完成目标—势头衰落"的循环状态。而且，由于没有可以准确评判工厂实力的客观指标，拥有众多工厂的X公司，在为进行生产调整选择合适工厂时，高层甚至无法做出正确的判断。

在此情况下，X公司迫切想要获得能够负责一线改进活动的人才，并建立能够准确判断工厂实际状况的机制。

于是，选定X公司的某一工厂为试点，从各工厂选来13名改进传道者候补生，再加上该工厂的负责人组成了项目成员，在我们的培训专员的指导下开始了改进活动。

刚开始，项目成员们对培训专员抱有抵触情绪，但在看到培训专员尽职尽责的工作姿态后，他们的抗拒态度慢慢软化下来。该工厂虽然能够培养出"当代高级技工"，但由于整体作业水平参差不齐，出现不良品的情况时有发生。最初的改进活动就是针对这样的问题实施的。

最初的努力方向是将有丰富经验的老练工的直觉与要诀制作成"作业要领"，并设立"技能道场"用于专门给新人传授特定技能，使其能够尽早独当一面。这项活动逐渐普及到制造部门的其他岗位上，并最终扩展到了总务、采购、质检等诸多部门。

与改进活动在各部门中扩展同时进行的是成立专属部门。专属部门的主要职责是建立可以准确判断各工厂实力的机制，以及培养改进传道者。

对于培养改进传道者，先从各工厂选出候补者并将其召集起来，然后让他们参加在试点岗位实施的为期6个月的改进活动，为他们在工厂推进改进活动或者在专属部门配合改进活动提供机会，并丰富他们的活动经验。最终再让他们参

　　　　　　　　　　　　　　丰田现场力

加改进传道者的资格认证考试。

在国内外 50 多个工厂都取得了成果后，当初在各个工厂都遭受冷眼的传道者，现在获得的评价是："只要和改进传道者一起干，一定能取得改进成果。"他们都成了各个工厂争抢的"香饽饽"。不仅如此，改进传道者的培养过程也在不断被完善。例如，追加了集体寄宿形式的研修，缩短了从工厂到专属部门的调动周期。长此以往，改进传道者的活动便可不限于个人，而是以团队的形式展开活动，此举为支撑改进活动持续稳定开展构建了有效的机制。

培养改进传道者示意图

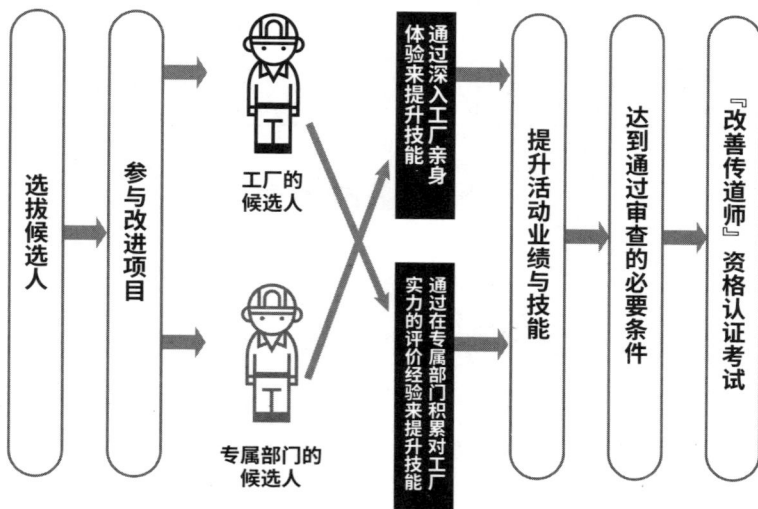

选拔候选人 → 参与改进项目 → 工厂的候选人 → 通过深入工厂亲身体验来提升技能 → 提升活动业绩与技能 → 达到通过审查的必要条件 → 『改善传道师』资格认证考试

专属部门的候选人 → 通过在专属部门积累对工厂实力的评价经验来提升技能

高层的决心将决定活动的成败

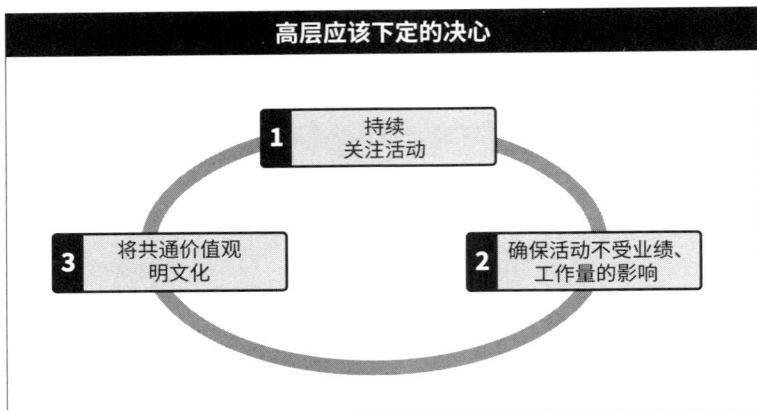

高层应该下定的决心

1 持续
关注活动

2 确保活动不受业绩、
工作量的影响

3 将共通价值观
明文化

在前文中已经强调过，改进活动步入正轨后，要成立专门的组织来制定不受时间推移、人员调动影响，让活动稳定持续开展的评价、培养制度。这一点非常重要。通过不断完善机制，可以保证活动的可持续性。

不过，即便完善的机制可以减少活动衰退的可能性，但并不能彻底避免这种情况的发生。因为运营机制和改变机制的主体是人。进一步说，高层的觉悟决定了活动能否持续。在本书的最后介绍一下高层所需的三个觉悟。

1. 持续关注活动

这一点是我们的培训专员在结束指导时，作为重中之重一定会向客户企业的高层传达的。高层对活动的关心是决定活动成败的关键，但是，只是把关心放在心里是无法取得良好效果的，高层有必要通过行动让周围的员工明白自己的关心。

普遍来说，"从高层处获得动机"是非常重要的。除此之外，"走访一线"也是常见的高层关心活动的表达方式之一。以下依据不同的目的，介绍几个高层走访一线的案例。

希望推进计划落实到岗

在"防止风化"的项目中提到过由负责人做检查，对此，可以让高层也部分地参与到活动之中来。

即便制定了一些规则或机制，但在工作现场还是会有员工贪图安逸。如果意识到自己一直被高层注视着的话，员工就会尽力保持自觉。例如，如果车间贴有活动计划之类的海报，高层可以在上面写下一段鼓励士气的话。

　　某位培训专员曾回忆，自己在丰田任职期间，总能看见一位科长时刻带着印章和笔在工作一线巡视。这位科长总会在贴有各种信息的阅览板上留下评语。这位培训专员说，即便活动遇到了困难，因为能感觉到科长一直在关注着自己，所以大家也能努力战胜困难、继续开展活动。

　　高层与试点岗位上的员工在职位上有着巨大的悬殊。也正因如此，高层就更不应该去训斥他们的过失，而应尽量去表扬或感谢他们在日常工作中的付出。

　　对一线员工来说，高层是遥不可及的存在。一旦遭到高层的训斥，他们必定会失去工作积极性、精神萎靡不振。所以，具体的批评教育应该交由相关负责人实施，高层则应努力成为活动的靠山。

希望把握活动状况及问题要点

　　虽然不需要高层解决问题，但有些活动需要高层施以援手，有时还需要高层去核实报告书上所写内容的真实性。

　　带着目的走访一线是很重要的。即便是在丰田积累了40年经验的培训专员也表示，如若不带着明确的问题意识就贸然走访，是很难把握住问题要点的。

　　可以将下图中的"7种浪费现象"分别作为一星期内每

天工作的重点进行现场走访，也可以将"人员移动""库存状况"等设为重点进行走访。

七种浪费现象

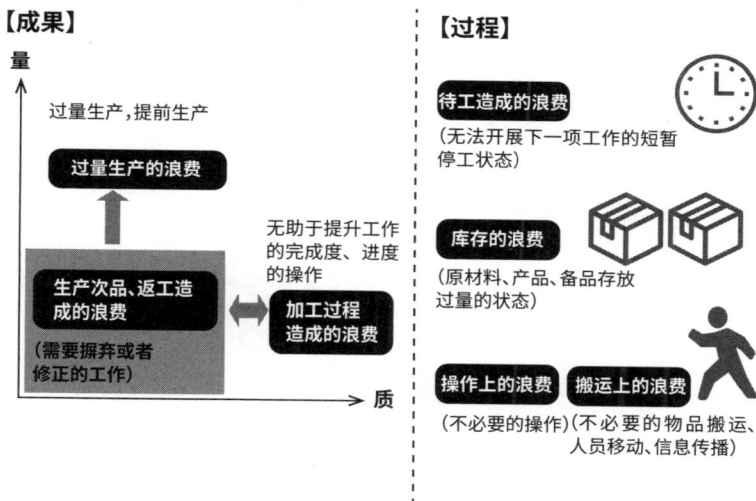

【成果】

量

过量生产，提前生产

过量生产的浪费

无助于提升工作的完成度、进度的操作

生产次品、返工造成的浪费

（需要摒弃或者修正的工作）

加工过程造成的浪费

质

【过程】

待工造成的浪费

（无法开展下一项工作的短暂停工状态）

库存的浪费

（原材料、产品、备品存放过量的状态）

操作上的浪费　搬运上的浪费

（不必要的操作）（不必要的物品搬运、人员移动、信息传播）

以上方式都需要依靠高层自身的强烈意志来确保走访所需的时间。

高层的工作十分繁忙，如果仅以"有时间再去看看"的心态进行走访，就会导致由于眼前工作的繁重而鲜少露面的情况出现。

我们的培训专员在丰田工作时，大多手下都有100—

500 名下属，他们每天都会花 1—2 小时在一线巡视。走访一线的频度因各岗位的规模以及所处的职位而有所不同，你可以依据自身的情况确保走访的时间。

2.确保活动不受业绩、工作量的影响

对于容易成为活动难度的业绩、工作量，可以将其视为重新审视活动状态的契机。

高层的分内之事

除去少数例外，想要别人去做某件事时，必须有一定的强制力。在企业的生产一线，因为有出货期限这个强制力，所以大家基本上都会优先做眼前的工作。

这种价值观不仅存在于一线员工身上，企业的高层也有，大家都有完成营业额、遵守出货期限才能安心的倾向。

在我们的客户企业中，也有很多高层认为，自己只要每天都在现场应对问题就算完成任务了。

但是，职位越高，越不应该满足于现状。企业的高层不仅要解决已经发生的问题这一个有强制力的课题，还需要防止问题的发生。

具体来说有以下几点：探究问题发生的根本原因，防范问题的再次发生，培养可以应对未来可能发生的难度更大的

问题的人才，找到隐藏的问题点并在其显露之前就做出相应对策等。这些才是高层本来应该做的事情，即使没有强制力也应该坚持实施下去。

因繁忙和效益不佳而导致活动中断

随着在一线岗位上不断积累成功的经验，并逐渐开始挑战更高难度的课题，随后将活动拓展至更多的岗位，活动逐渐步入了正轨。即便如此，有些活动最终还是退回到了原点，功亏一篑。

通过完善组织体制，提升活动的强制力，高层的决心也会不断增强。在这样的情况下，活动中断的可能性会降低，但也无法完全避免。

工作量变大带来的繁忙是导致活动中断的常见原因。生产、营销等本职工作具有很大的强制力，因此容易被优先处理，并且，优先生产、营销对眼前的收益也有较大的贡献。但是，改进活动一旦被中断，想要再次恢复，就需要投入大量资源。因此，需要高层做出这样的决断："即使在一定程度上放缓生产进度，也不能让改进活动完全停止。""通过合理分配工作量来确保改进活动不会被彻底搁浅。"如此等等。

盈利困难也是导致活动中断的常见理由。当然，这里并不是说如果改进活动需要就应该去做大型的投资。

提升盈利主要有两个手段，一个是通过开发新市场、新客户或者开发新产品来提升销售额，另一个是通过压低采购价格来降低成本。

由于销售额能否提升主要取决于顾客的需求以及行业的竞争状况，所以难以预测。与此相对的是，改进活动可以为削减成本做出很大贡献。在盈利恶化时，虽然改进活动中需要投资的部分无法实施，但是改进活动中削减成本的环节可以为改善盈利做出巨大贡献，应当大举实施。

如上所述，改进活动随着企业所面临的状况的变化而改变，因此，可以通过审时度势地变换课题来确保活动的持续开展。

确保可以坚持开展经过严格筛选后保留下来的活动

即便大家都能够理解坚持开展活动的重要性，但是在现实中是难以保证活动一成不变的。当活动不可避免地要在频度及内容上做出精简时，应该依据哪些要点重新制定活动的内容呢？一句话，那就是严格筛选出与本职工作直接相关的活动内容，并且要不间断地进行这种严格筛选。

某家我们的客户企业，在几年内进行了各种各样的改进活动，但竞争对手的逐渐增多导致其盈利状况不断恶化。为了将人才集中到新商品开发上去，这家企业无法一如既往地实施改进活动。

此时，高层做出决断，对改进活动进行精简，只保留了5S活动。因为曾频繁到该企业工厂参观的国内外客户对经过改进活动锤炼的生产一线都给予了很高的评价。可以想象，一旦评价变差，营销额也必定会受到牵连。

在这种状况下，选择保留5S活动的目的，正是为了在维持基本的改进活动的同时，提升客户企业对生产一线的评价。

接下来再介绍一个有关丰田的活动案例。在丰田实施的多种改进活动及人才培养项目中，历史最悠久的当属"QC小组"与"创意功夫提案制度"。

无论是在急速的海外扩张导致一线员工忙碌不堪时，还是在"雷曼事件"之后企业盈利变得困难时，这两项活动都未曾中断过。因为这两项活动可以为汽车生产一线做出巨大的贡献。

汽车的生产和技能的传承需要有良好的团队配合。同时，为了能够生产符合客户需求的产品，不断进行改进活动也是必不可少的。QC小组是新员工在入职时就要参加的一项活动。在活动中，新员工要发现自己身边的问题，并与同伴们一起思考改进的对策。而创意功夫提案制度是通过员工在日常工作中时刻提醒自己"我不能做得更好吗"来提升个人技能的活动。

这两项活动无论是正式工还是合同工都必须参加。从培养团队合作意识及锻炼个人能力上来说，这两项活动是汽车生产一线必不可少的活动。

如果没有很强的自主意识，仅仅抱着"因为别的企业也在做"这样的心态实施活动，该活动是不会持久的。工作量以及业绩上出现问题的时候，也正是企业重新审视自身到底需要何种改进活动的绝好时机。

案例 ㉜
因为繁忙才要改进，
稳固的体制可以消解日益严峻的繁忙

从大学的附属医院独立出来成立的 Y 医院紧邻着规模约是自身 3 倍的大学医院。为了生存下来，Y 医院选择了不做大学医院那样的综合医院，而走特色门诊的路线。通过重点建设特色领域，来院患者数与日俱增。

来院患者的急剧增多，导致患者平均所需的检查时间大大超过了标准时间，这不仅使患者投诉增多，还加重了医护人员的身心负担。因为工作时连吃午饭的时间都难以确保，"想辞职"的职工也日益增多。医护人员虽然有解决这一问题的想法，但医院的现状让他们实在无法抽出多余的时间去解决。

对此抱有强烈危机意识的高层随即成立了改进项目组，并从各个繁忙岗位抽调优秀的人员作为专职项目成员。在我们培训专员的指导下，通过录像回放来减少浪费环节，通过在工作一线实施5S来提高工作效率，另外还制作了工作要领书。经过一年多的指导，最终达成了实际来院患者数增加两成、医护人员加班减半的目标。

在培训专员结束指导后，该院的患者数仍在不断增加。

如果将患者人数多看作"繁忙"的话，那么"繁忙"就会日益严重。

但是，该院并没有就此中断改进活动。在那之后，还通过增加一定数量的文员来减少医生的事务类工作，通过使用医疗担架运送患者进行检查，缓解了患者的痛苦、减轻了员工的工作量。

为了将模范岗位上开展的活动推广到全医院，高层制定了两大制度作为医院改进活动的支柱。

一个支柱是改进传道者制度。改进传道者们不仅在各个岗位推进改进活动的开展，还承担了教授新人基础改进知识的责任。正是因为他们的存在，即使人员调动、时间推移，活动仍旧可以持续开展下去。

另一个支柱是每年一次的大规模的改进宣讲大会制度。在这个会上，从全医院汇报上来的众多改进提案中选出最优秀的10件，并由当事人在大会上宣讲。该大会模仿好莱坞颁奖典礼，在会场中央铺上红地毯，与会者都身着礼服盛装出席。为这样的氛围所感染，大家都有了"希望有一天站在台上的人是我"的愿望。如今，每年都会有400件以上的改进提案被提交上来，并全部都会上传到院内的局域网与大家共享。

无论工作怎么繁忙，以高层的坚定决心和满腔热情为后盾，以改进传道者及改进宣讲会为核心的改进活动被坚持了下来。活动从开始到现在已经过去了7年，如今，院方收益翻了两番，利润率达到全国同行业的最高水准，特色科室的患者数也排进了全国前五，可以说在这7年里取得了骄人的业绩。然而，即便如此，院方也没有满足现状、止步不前，仍在努力打造每天都能进行改进活动的一线岗位。

3.将共通价值观明文化

虽然共通价值观的明文化看上去不能立即、直接为改进活动带来效果，但它对企业打造改进活动文化是非常重要的。在我们的客户企业里，也只有少部分企业能够做到这一步。接下来，将其作为活动的最终环节进行介绍。

为什么价值观需要明文化

明文化的价值观也被称为"信条"或"模式"，它明确了"作为组织的一员应该成为什么样子"。有的企业为了将价值观固定到员工的日常行为之中，每天都要求员工念诵。价值观的明文化可以带来以下两个效果。

一个效果是可以用其来判断自我状态是否正常。如前所述，在一线也需要有标准来判断现状是否正常。因此，在判断自身行为时，也同样需要一套标准，那就是价值观。当你犹豫不决难以做出判断时，可以将其当作重新思考的原点。

在丰田，有被称作"丰田模式"的行为规范。曾在丰田任职超过40年的我们的一位培训专员对其做了如下的评价：

"老实说，在丰田工作期间，完全没有留意过丰田模式。那是因为，在日本的丰田工作现场，丰田模式已经根深蒂固，如同空气一般无所不在。但是，加入OJT解决方案股份有限公司作为培训专员深入到丰田以外的企业中去指导项目成员的时候，作为回顾自身经历的切入点，我不断加深了对丰田模式的认识。因为丰田模式可以敦促自己对自身行为时刻进行反省。"

由此可见，就算是平常觉得理所当然的东西，通过将其明文化，也可以成为反省自身行为、回归原点的手段。

另一个效果是可以让原本拥有形形色色价值观的成员朝着同一个方向努力前行。尤其在当下，不同性别、年龄、雇用形态的员工齐聚同一岗位，各自判断事情正确与否的标准和目标也各不相同，价值观比起以往更加复杂多样。不仅如此，终身服务于同一家企业的理念也变得日渐淡薄，因此，统一员工的价值观刻不容缓。这时，为了能将拥有多元价值观的员工统一起来，营造良好的环境就变得很有必要了。

价值观与改进活动的关系

最后说明一下价值观的明文化对改进活动的影响。

其一，价值观的明文化可以使改进活动成为整个企业都要坚持的活动。不仅如此，在价值观明文化的过程中，通过对改进活动进行多方面的讨论，可以让员工对改进活动达成共识，并强化员工持续参与活动的意识。

案例㉝
将制造的哲学升华为"模式"

Y公司是一家大型精密仪器制造商，改进活动进展顺利且得到了不断巩固。可以说，当时的改进活动正处于一帆风顺的绝佳状态。

但是，该公司的高层并不认为这就意味着改进活动已经完成。因为在当时的各项活动中，大家对制造的理解都没有上升到哲学的高度。

由于本身技术水准就很高，再加上不断实施的改进活动，该公司的技术知识与改进技能都达到了很高的水平，每位员工对制造都有了一定的理解和思考。遗憾的是，大家并没有将自己的理解和思考与同伴们分享。因此，在企业内部并没有形成共识。

于是，相关人士就该公司在制造方面应当重视的事项进行了探讨。通过共享过去的案例以及大家各自的理解，耗时一年最终制定了四项行动指南。当改进活动扩大到多个岗位时，通过将其制定为行为规范，有力地推动了活动在整个企业中的扩大与持续。

其二，价值观的明文化使改进活动与企业内的各项机制相互结合成为可能，这也推动并确保了活动的可持续性。

如前所述，机制对确保活动的可持续性能起到很大的作用。

在价值观已经深入人心的一线岗位，价值观的明文化所带来的影响往往容易被忽略。实际上，价值观的明文化可以使改进活动与人事制度或日常业务的衔接变得更加顺利，其结果也有助于改进活动稳定持续地开展。

案例㉞
与改进活动、评价制度密不可分的丰田模式

在海外急速扩张的 20 世纪 80 年代后期，丰田在以其美国工厂为首的世界各地的工厂都出现了希望能够将价值观明文化的声音。

在丰田日本总公司里，有着长期积淀下来的企业文化。"改进"及"现地现物"等创意也都是在日常工作中通过前辈与后辈之间的薪火相传得以传承发展的。而且，由于丰田的人员流动性较少，因此这种环境下企业的文化也比较容易被传承与固定。

然而，在丰田的海外工厂，由于其发展历史较短，通过

工作现场传承的要素较少，并且与日本相比，海外人才的多样性与流动性也更高，所以才需要制定大家都能理解的明文化的行为规范。不仅如此，在海外，丰田与其他品牌的汽车工厂大多聚集在一地，所以也就更需要凸显丰田的特色了。

在这样的背景下，基于创业以来一直秉承的价值观和原则，1992年制定的"丰田基本理念"对丰田应该成为什么样的企业做出了总结。之后为了落实这一理念，在2001年又制定了"丰田模式"这一行为规范。

丰田模式被普及到了丰田全球各地的工厂，还被细分为销售、人事、管理等多个模块。不仅如此，因为该模式可以与评价制度相互结合，所以其是否得到了落实还可以在评价上得到反映。

另一方面，如何让价值观深入一线员工的心并最终落实到操作之中，丰田采取了与其他企业不同的方式。在丰田，既没有让该模式享受特殊化待遇，给予参与研修活动的员工优厚的报酬，也没有要求员工每天都要去念诵。落实丰田模式的方法，就是在日常工作中不断"解决问题"（改进），因为其中涵盖了该模式强调的五大要素。在丰田，无论是面向全体员工开展的分层培训，还是在日常工作中去"解决问题"，都会被一再提及并反复强调。

如上所述，丰田模式并不是凭空创造出来的东西，而是将一线员工长期以来形成的行为习惯和想法中有益部分进行明文化的产物。正因如此，一线员工自主实践"解决问题"便有了正当的名分，并且可以通过与评价制度相结合获得相应的奖励，从而使得活动能够深深扎根于一线员工的心中。

由此可见，将仅被企业的部分部门视为理所当然的事情明文化，不仅可以让企业整体形成统一的价值观，还可以让企业与其他制度的结合成为可能。将在某个岗位开启的改进活动扩展到多个岗位，并将其当作企业文化明文记载，最终会上升为企业哲学在公司里生根发芽。

丰田模式与评价制度相结合

【丰田模式】

```
挑战
改进          智慧与改进
现地现物

以人为本

尊重
团队精神
```

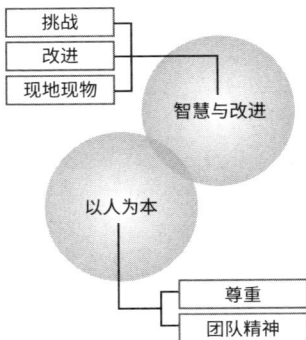

【二者结合的评价制度】

要素	项目	智慧与改进	以人为本
制定课题的能力	不拘泥于惯例，有创新思维	○	
	基于中长期展望制定并提出计划	○	
执行课题的能力	对状况做出准确判断	○	
	决断	○	
	坚韧不拔	○	○
管理组织的能力	优化资源确保重点投入和业务的改正与废除	○	○
	制定工作流程与机制	○	○
运用人才的能力	合理的评价与反馈		○
	有计划的指导与培养		○
人气	成员的信任、活力		○

※源于丰田汽车主页

丰田现场力

后 记
EPILOGUE

　　本公司是由曾经任职丰田的培训专员为企业改进一线岗位提供指导服务的公司。但要注意，一线岗位的改进活动，绝不能照搬照套丰田和本公司的指导，否则难以开展。

　　在丰田任职 40 年的培训专员深知，承担改进活动的当事人的感受才是活动的关键。他们需要认真关注高层的课题和期待，在工作中认真对待项目成员们提出的问题，解决员工的困难，在不断培养实际执行改进活动的人才的同时推动活动的开展。

　　在作为活动里程碑的报告会上，许多项目成员都流下了激动的眼泪。在迄今为止提供指导服务的 340 家公司里分别上演了 340 部感人的好戏。

　　从整个日本社会的角度来看，自 21 世纪的最初 10 年的中期以来，日本人口开始全面下降，许多行业明显出现了劳动力短缺的状况。由于缺乏劳动力，很多企业只能缩短营业时间和减少工作日。

实际上，我们的客户公司也采取了一些崭新的方法来应对此状况。例如，采取措施用更少的人员来应对当前的生产需求，为老年人和女性提供可以轻松工作的环境等。

到目前为止，我们已为80万读者奉上了诸如《丰田的整理》《提高工作效率：丰田的习惯》等14种书。这些书大都侧重于讲述培训专员的亲身经历，这些虽然微不足道，但我们为能够以一种通俗易懂的方式将丰田的经验传播给广大读者而感到自豪。

考虑到日本当前的社会状况，越来越多的人对自身当前的工作岗位抱有强烈的危机感，希望从明天就开始改进活动。整个社会都希望工作环境得到改进，正如在媒体上每天都会看到"提高生产率"这句话一样。

我们需要认真对待每位客户，所以我们的培训专员实际深入指导并提供帮助的岗位数量有限。于是，我们以可以直接在实际场景中使用为宗旨，细致地整合了培训专员们的经验和诀窍，希望以此来帮助那些想在自己公司实施改进活动的读者，这便是出版本书的目的。

我们的培训专员在客户公司的生产一线指导改进活动的同时，还作为改进的专家专注于活动的推进和目标的实现，并作为人才培养专家，分析每位项目成员的想法和特点，每天都采用不同的方法帮助他们不断成长。培训专员不仅特别重视眼下改进活动所取得的成果，还非常关注人才的培养，因为通过改进活动不断取得成果、打造强大的生产一线的主体是人。

在与众多培训专员面对面的交谈中，我们了解了许多改进活动的实例。通过这些访谈，两种可以被称为是改进活动基石的人生观浮现在了我们的眼前——

"人都想变得轻松。"

"人拥有无限的智慧。"

正因为人们都想要变得轻松，所以他们也都在思考能否用更少的精力完成工作。可以说这也是顺应当下需要用有限的劳力应对一线的生产需求这一时代潮流的一种人性。正因为人性中存在"想变得轻松"这一特性，所以在发现独特新鲜的视角或工作环境变得恶劣的时候，便会有"这种做法也许行得通吧"的智慧迸发出来。

智慧有助于打造一个强大的生产一线，所以重要的是设法让智慧展现出来，并将其不断用于工作岗位的运营之中。本书的前半部分重点讲述了活动初期通过倾听员工的问题发现智慧，根据不同水平分别制定最佳目标来最大限度地发挥一线员工的潜力，并使用有效的方法让抵制活动和对活动漠不关心的员工积极参与活动、贡献智慧。

但是，即便是已经步入正轨的活动，只要放任不管就会逐渐偃旗息鼓。由于人性中存在"想变得轻松"这一特性，人们对没有强制力的事情往往不会上心。因此，为了能让改进活动扎根，有必要专门采取措施预防"活动倒退"。于是便有了最后一章介绍的各项措施，建立专门的组织，制定并完善防止风化的机制来巩固活动，以及高层持续关注活动的重要性和价值观的明文化等。

本书虽然就改进活动的启动、推进、落实等具体步骤做了详细说明，不过需要强调的是顺应上述两种人生观才是活动的基石。

恳请各位读者在各自的工作岗位上实施改进活动之际，既要按步骤依次展开，又要关注与活动相关的每个人的特性，以最佳的形式扎实有序地推进活动的开展。

最后，希望本书能够有助于各位读者进一步提升自己的现场力，并由衷地期望"强大的生产一线"可以遍布世界各地。

株式会社OJT解决方案股份有限公司